JN313358

ネットワークビジネス 9の罠《落とし穴》

ハマる人、ハマらないで成功する人

マイク・カキハラ

ビジネス社

はじめに

誰にも頼まれもしないのに、勝手に本書を執筆した理由は、ネットワークビジネスを誹《ひ》謗中傷《ぼうちゅうしょう》するためではありません。内部告発でも暴露でもありません。柄《がら》にもなく格好良く言ってしまいますと、このビジネスが産業として健全に発展してほしいからです。

実際のネットワークビジネス現場での体験を基に、業界の裏事情や実態を書きました。もちろん、私なりの解決策も〈解決策〉編で提示しています。

さて、私は自分の無能さのうえに、アップライン（自分より上層の人）の「戯《ざ》れ言《ごと》（罠《落とし穴》）」の数々を信じたために、幾多の失敗を重ねました。しかし、方法を抜本的に変えた途端、私の傘下組織はグングンと大きくなっていきました。毎日見込み客《プロスペクト》を追いかけ、半年間に「1人のスポンサーができるかできないか」の悲惨な状態から、「あなたと一緒に仕事がしたい」と言って、次から次へと見込み客が集まってくる状態に一変したのです。

皆さんの友人や家族、親類でもおそらく、戯れ言を連ねる能なしアップラインの罠にハマって、マインドコントロールされてしまっている人がいると思います。そんな人にも、ぜひ本書を読んでいただきたいと願っています。

〈うっかりハマっちゃう罠〉編

〈解決策〉編

PART1　人狩りの時代は終わった

PART2　スティーブの教え

PART3 魅了《アトラクティヴ》マーケティング

うっかりハマっちゃう罠編

ネットワークビジネスとの出合い

1980年代の中ごろ、若くて、ハンサム（?）で、好青年（??）だった私は、何をトチ狂ったのか、アメリカへ移住することにしました。やっとの思いでアメリカくんだりまで来たのは良かったのですが、生活していくため、何はともあれ職を探さなければなりませんでした。

面接をいくつか受けましたものの、そう簡単には雇《やと》ってもらえませんでした。（そりゃそうだろ）

6社目の面接を受けたときです。

英語がよく分からず、いつものように面接担当者の質問に答えるのに、四苦八苦。「どうせ雇ってもらえないだろうなぁ〜」なんて、うつろな目で天井を仰《あお》ぎながら思っていたときです。

「よし、君にチャンスを与えよう」と面接担当者は言いました。「えっ！ 本当に雇ってくれるんですか?!」と驚いて聞き返す私。面接担当者の英語を、聞き間違えたかもしれないと思ったんです。

「そうだ。明日の朝8時に出社して、人事課へ行って手続きをしてもらえ」

「英語がまだまともに喋《しゃべ》れないから、仕事で失敗して迷惑をかけるかもしれないよ」と
ちょっと弱気で言うと、「誰でも失敗はある。お前は若いのだから怖がらずに挑戦しろ。

英語はそのうち上達するよ」というありがたいお返事。

どこの馬の骨とも分からぬ私を雇った、その会社の寛大さに、「アメリカって面白い国だな」っと感じたことを今でも覚えています。何よりも、挑戦する**チャンスを与えられた**ことが、心の底から嬉《うれ》しかったのです。

それから1年ほどが過ぎたころ、私はアメリカで知り合ったジョンとヘレン夫妻に、
「土曜日にビジネス朝食会があるから、マイクも来ないか」と誘われました。
「休日に、朝早く起きてまで行きたくないなぁ～」なんて思い、断る口実を考えていると、
それを見透かしたジョンは「君は私たちのゲストだから、朝食代は無料《フリー》だよ」と言いました。（私の弱みを知っている）
「えっ、フリーなの?!」と思わず反応してしまう自分が情けないと思いつつ、「フリーのものを断っちゃあ、日本男児の恥」と開き直りました。

「勉強になりそうだから、参加します」と適当な大義名分を思いつき、招待を受けることにしました。

さて、その土曜日の朝、「朝食会だから、ほんの数人が集まるんだろうな〜」なんて思いつつ、夫妻から聞いていたレストランの駐車場へ「ふぁ〜あ〜」なんて間抜けなあくびをしながら車を乗り入れたとき、ビックリする光景を目にしたのです。

「何やねん、これ！」（驚くと、ついつい母国語の関西弁が出てしまいます）

そこにはすでに100台近い車が駐車されていて、私の後ろや、ほかの入り口からも続々と車がレストランの駐車場に入ってくるのです。キャデラック、ベンツ、BMW、ポルシェといった高級車も数多く、なんとフェラーリやベントレーまで数台駐車してあるではありませんか！

錆《さび》の腐蝕《ふしょく》であちらこちらに蜂《はち》の巣のように穴が空き、塗装は褪《あ》せて、もともとどんな色をしていたかすら分からないわが愛車、72年型シボレーを（ちなみにこのようなボロ車を英語で〝錆《さ》びたバケツ〟って呼ぶんです）、駐車場の隅《すみ》にこっそり隠すように駐車しました。

レストランに向かって駐車場を歩いて行くと、入り口の脇《わき》でジョンとヘレンがニコニコしながら手を振って、待っていました。ジョンに「大勢、来るんですね」と驚いて言うと、「今日はちょっと特別なことがあるから、いつもより人数が多いんだ」とジョンが笑顔で答えました。レストランの横に増築された大きな会場の中に案内されると、正面には小さなステージと50卓ほどの円卓がセットしてありました。

大勢の人がワイワイガヤガヤとあちらこちらで歓談しています。その雰囲気に圧倒されるように立ちつくしている私の腕を掴《つか》み、ジョンとヘレンは私を連れて円卓と人の間を縫《ぬ》うように進み、私を次々に紹介して回りました。20分ほどの間に何十人という人に紹介され、皆「ウエルカム！」と笑顔で歓迎してくれました。

当日招待されていたのは私だけではありません。大勢の人が招待客《ゲスト》を一緒に連れて来ていました。

「腹減ったな〜」なんて思っていると、「ハロー！ 皆さん聞こえますか？ それでは時間になりましたので朝食会を始めます」という場内アナウンスが流れました。（やった、ようやく飯にありつけるぞ〜！）

すぐにテーブルへ向かう人もいましたが、半数以上はアナウンスを無視して、ガヤガヤと歓談を続けています。すると「皆さん、時間になりましたので、着席してください！」という、アナウンスがもう1度流れます。

それでも、皆はそのアナウンスが聞こえなかったかのように、まだ歓談を続けています。「皆さん‼　すぐに着席してください‼」と、今度はちょっとキレ気味の声に、ようやく皆が着席を始め、私もジョンとヘレンに案内されてテーブルに着きました。着席するとほぼ同時に、先の気の短いアナウンスの声の主が、軽い足取りで中央のステージに上がりました。グループのリーダー的な存在のようで、プロの司会者ではないものの、慣れた感じでスムーズに朝食会を進行していきます。私は、話なんぞまともに聞きもせず、ただムシャムシャと供《きょう》された朝食を一心不乱に食べ続けていました。

しばらくして司会者が、突然大きな声で**「今日は特別なゲストスピーカー**（講師）**をお招きしています！」**と言うと、宴会場の大きな窓のブラインドがいっせいに開きました。ものスゴい爆音とともに、竜巻のような塵《ちり》を巻き上げ、白いヘリコプターが駐車場の片隅に着陸するのが見えました。

スクランブルエッグを喉《のど》に詰まらせそうになりながら、「いったい何やねん⁈」と驚いていると、そのヘリコプターの中から、地味なスーツを着た初老の白人のおじさんが降りてくるのが見えます。出迎えた数人と笑顔で握手をすると、案内されて私たちのいる会場へ向かってきました。

彼が会場に入って来ると、会場の招待客以外のほぼ全員が起立して拍手喝采《かっさい》の大歓迎。いきなりボルテージがグーンと上がります。どこから見ても、どこにでもいるような普通のおじさんなのに、まるでロックスターの扱いです。

私は何が何だか分からず、ただ呆然《ぼうぜん》とその様子を眺めているだけでした。きっとこのヘリコプターでやって来たおじさんが、先にジョンとヘレンが言っていた「特別なこと」なんだろうなぁ～、なんて思っていました。

「皆さん、ご静粛にお願いします。今さらご紹介させていただくまでもないと思いますが、リッチ・ディヴォス社長です！」と司会者が紹介します。そのおじさんは笑顔でステージに上がりました。そこでまたしても、ものスゴい拍手喝采。

「社長？　な～んだ、どこかの会社の社長さんかぁ～……」と少しがっかりしたのですが、「ひょっとするとこの社長さんが面白い宴会芸なんかを披露してくれるのかな～」なんてほのかな期待を残していました。でも、ついに宴会芸は披露していただけませんでした。

この社長さんが、ステージの演台《ポディアム》から何かを言うたび大きな拍手が起き、真剣にメモを取っている人も大勢います。会場内は熱気でムンムンしています。ジョンとヘレンも朝食に手も付けず一生懸命に話に聞き入り、何やらしっかりとメモっています。

私はまったく興味がなかったものの、ジョンとヘレンの手前、いちおう聞いているフリをしながらちゃっかりと朝食のセカンドサービング（おかわり）をしていたのです。

社長さんの話は20分ほどだったと思います。話し終えるとまた拍手喝采に送られて会場を後にしました。外で見送りをした数名に笑顔で握手をして、待機していたヘリコプターに素早く乗り込むと、爆音と砂煙と共に飛び立って行きました。

会場内は興奮醒《さ》めやらぬ人が、連れて来たゲストに向かって何やら一生懸命に話をしています。

ジョンとヘレンも私に「社長の話はどうだった？　スゴいビジネスだろ〜」と興奮気味に話しかけてきます。

私は「う〜ん、スゴかったね」と答えました。でも、実は私はヘリコプターの発着を間近で見たのが生まれてはじめてで、それが「スゴかった」のです。

ジョンとヘレンは「ネットワークビジネス」とやらの「インディペンデント・ディストリビューター（以下、ディストリビューター）」という仕事をしていて、そのネットワーク会社が地元（ミシガン州）のエイダという田舎町に本社があり、日本を含め世界中でビジネス展開をしている多国籍企業で、「業界ナンバーワン」ということでした。傘下組織というものを作れば大きな収入になり、「夢のような贅沢《ぜいたく》な暮らしができるよ！」とも言われました。「マイク、君もやってみないか？」と強く誘われました。でも、何やら訳の分からないビジネスをするつもりは毛頭なく、食後のコーヒーをすすりながら「考えておきます」と答えただけで、結局何もしませんでした。そして私は、これがネットワークビジネスとの最初で最後の出合い（遭遇）だと思っていたのです。

その後、私は仕事の関係でしばらくヨーロッパへ行き、アメリカへ帰ってきてカリフォルニア州へ引っ越しました。

ある日、友人のステファンから、「マイク、通訳のアルバイトをしないか？」と電話がかかってきました。どうやら小さなビジネスミーティングの通訳で、予約していた通訳者が急に来られなくなったらしいのです。

「面倒くさいから嫌だよ〜。誰か他の人を探せよ」と断りました。しかし、その友人が「時給100ドル（約1万円）払うよ」と言った途端、「いつやればいいんだ⁉」と、快諾《かいだく》している自分がいました。

お金に目が眩《くら》んで、やりたくもない通訳を引き受けてしまった自分を情けないと思いつつ、当日、指定されたホテルの会議室へ行くと、30人ほどの日本から来た日本人が集まっていました。（だから通訳が必要だったのです）

さっそくミーティングの講師《スピーカー》をするマーク・カーネル（仮名）という名前のアメリカ

人と打ち合わせをするため、ホテル内のカフェへと向かいました。

私のような素人《しろうと》の通訳者が、講師と事前に打ち合わせをして、どのような内容をどの順序で話すのかを先に知っておくと、比較的スムーズに同時通訳ができるからです。

しばらくマーク・カーネル氏が説明してくれる内容を聞いていると、「あれ～？　この話は以前どこかで聞いたような気がすんなぁ～……。そうだ！　ジョンとヘレンがあの朝食会のときに言っていたことだ！」と、気がついたのです。

こうして思いがけず、私は**ネットワークビジネスと再会**したのです。


もちろんお金がすべてではない、しかし、お金は私たちにとって大切なものに大きな影響力を持っている。

ジョン・ミルトン・フォッグ（ネットワークビジネスのカリスマコーチ）

罠《落とし穴》を発見したぞ！

私が再会したのは、先に紹介したジョンとヘレンが関わっていたネットワーク会社とは別の会社でした。

この通訳のアルバイトがキッカケで、ネットワークビジネスの世界に入ったまでは良かったのです。ところがどっこい、**大きな壁にブチ当たって、挫折《ざせつ》してしまったのです。**

アップラインの言う通りにいくらやっても、なかなか上手《うま》くいきませんでした。

いや〜、ヘコみました。

アメリカには「成功したければ、成功者のマネをしろ」という諺《ことわざ》があり、私の本業であるビジネスコンサルティングや投資も、その分野ですでに実績を上げている人からいろいろなノウハウを吸収して学びました（私、こう見えても、仕事はちゃんと真面目《まじめ》にやるんです）。ですから、「**アップラインの言う通りにすれば、成功する道が開ける**」と、思っていたのです。

私だけではなく、同業他社のディストリビューターも同じように信じ、ネットワークビジネスで夢を叶《かな》えようと、来る日も来る日も猛然と頑張っていました。
ほかのディストリビューターの多くは、私よりも遥《はる》かに優秀な人たちだったのですが、その多くが途中で挫折してネットワークビジネスから去って行きました。
そうして2年後、私自身も疲れ果て、ネットワークビジネスから去ることになり、辞めるときに私のアップラインのジョニーに相談したら、何て言われたと思いますか？

「君はやる気がないんだよ！」って言われたのです。

私は、悔しくて目に涙が溜《たま》りました。「やる気はあったんですが……」とだけ言って去りました。

根に持つ性格（暗いなぁ～）の私は、アップラインに言われたことがどうしても納得できなかったのと、「失敗した原因を突き止めれば、ネットワークビジネスで傘下組織を築く良い方法が見つかるはずだ」と思ったのです。

それからの数年間、数多くのネットワーク会社の説明会《オポチュニティミーティング》に参加したり、さまざまな分野の有料ビジネスセミナーを受講しました。

ネットワークビジネスに関する書籍も読み漁《あさ》り、CDやDVDなども含め、購入した資料は莫大《ばくだい》なものとなりました。（多額の先行投資です）

いろいろなネットワーク会社のディストリビューターとして登録し、実際にトレーニングに参加し、多くのアップラインの下で活動してみました。

アメリカのネットワーク会社の副社長の仕事を引き受けたのも、「**業界の舞台裏**を知る」良い経験になると思ったからです。

そうした探求の中で、ネットワークビジネス業界で常識のように言われていることに、「**おや～、何か変だぞ**」と疑問を持つようになりました。

私が疑問を感じていた1つ1つを掘り下

げていくと、それらが「**とんでもない罠**」だと気づいたのです。これらの罠《落とし穴》が、多くの脱落者や被害者を出し、ネットワークビジネス業界が批判される元凶になっているのです。

アップラインが連ねる罠《落とし穴》を、罠《落とし穴》だと知らずに信じて活動している限り、ネットワークビジネスで成功することも、ネットワークビジネスが産業として成長することもあり得ません。

物事は、間違った理屈通りにはいかない。

中谷宇吉郎（物理学者）

罠その1　誰にでもできるよ

ネットワークビジネスに携わっている人たちは、インディペンデント・ディストリビューターと呼ばれるのが一般的です。ところが、会社によってはプロダクト・コンサルタントとか、メンバー（会員）などの呼び方をしているところも多くありますので、本章からインディペンデント・ディストリビューターを「メンバー」と称させていただきます。

さて、現在日本では、特定商取引に関する法律によって規制されていますから、「誰にでもできるよ」といったバカげたことを見込み客《プロスペクト》に向かって言うメンバーはいないと思います。

だけど、実はまだウヨウヨといるんです。

ここに言い方を変えた例をいくつか紹介します。ニュアンスや意味はほとんど同じです。

「このシステムを使えば、誰でも成功できるよ」
「経験がなくても大丈夫ですよ」
「簡単にお小遣い稼《かせ》ぎができるよ」
「ガッポリ儲《もう》かりますよ」

ネットワークビジネスに誘われた経験のある人なら、1度や2度、もしくはウンザリするほど、耳にされたことのあるセリフかもしれませんね。

欲の皮が思いっきり突っ張ってる私なんかは、すぐに信じてしまいます。でも、**落ち着いて**お茶でもすすりながら読んでくださっている皆さんは「そんなセリフをマジで信じる人なんているの？」なんて呆《あき》れることでしょう。

そうなのです。お茶をすすりながら落ち着いて考えるまでもなく、**「そう簡単に、成功できるわきゃぁないだろ！」**ってことです。

皆さんもご存じの通り、世の中はそんなに甘くないんですねぇ〜。誰にでも簡単に成功できるビジネスなら、周りに成功者がゴロゴロといてもおかしくないはずです。

ところが、ネットワークビジネスを始めた90％以上の人が、「ガッポリ」と言われた収入を得ていなかったり、途中で挫折していると言われています。

それじゃあ、「誰にでも簡単に成功できるよ」というのは完全な嘘なのかというと、

100％の嘘でもないのです。正確には「簡単に大成功したかのように見えるメンバーも中にはいる」ということです。

ほとんどのネットワーク会社には、どこからともなく風に乗って現れ、トントンと資格レベルを昇り、短期間（数ヶ月）の間にトップランクに躍り出て、巨額の収入を得ている、業界用語で「**スーパースター**」（アメリカではヘビー・ヒッター）と呼ばれるメンバーがいます。会社主催のコンベンションなんかに行くと、ステージ上で成功体験談なんかを語る人です。

このスーパースターさんは、ステージ上で「製品がスゴい！」（薬事法に違反するような内容も多々）とか、「このネットワークビジネスに出合えたことが、いかに素晴らしいチャンスだったか」とか、「会社とスゴい製品のお陰で成功した」というようなことを語るのが通例です。

なかには、まったく経験もコネもない人が、短期間でスーパースターに上り詰めることもあります。でも、これは稀《まれ》なケースです。ただでさえ稀なスーパースターの中でも、さらに稀な存在なのですから、大多数の人にとっていかに非現実的なことかを分かっていただけると思います。

さて、スーパースターさんの多くは「**ファウンダー**」と呼ばれ、会社が設立された直後にメンバー登録をしているのが通例です。外資系ネットワーク会社の場合、日本進出は会社設立から数年後になることが一般的ですから、この「ファウンダー」の中に日本に住む日本人がいることは90％ないと言ってもよいでしょう。ただし、日本開業直前や開業当初からメンバー登録をした人たちを「ファウンダー」と呼ぶこともしばしばあります。

「ファウンダー」だからといって、必ずしもスーパースターになれるという保証は、もちろんありません。

「セールス・ボリューム」と呼ばれる「売上」を生み出す巨大な傘下組織を築くことが、上位資格レベル、もしくはスーパースターに昇格する必須《ひっす》条件です。

私はしばらくネットワークビジネス業界に身を置いてきた中で、多くのヘビー・ヒッターが、わずか数ヶ月という驚異的な短期間で資格レベルのトップ、つまりスーパースターに上り詰めるのを数多く見てきました。

それは、平社員で入社して、いきなりとてつもない業績をあげ、半年もしないうちに代表取締役にトントン拍子で出世してしまうようなものです。ついでに申しますと、私のように、宴会に遅れて来たくせに1番高い酒をがぶ飲みして、1人だけ先に出来上がってしまう奴《やつ》のようなものです。

厄介《やっかい》なのは、経験の浅いメンバーや見込み客の人が、この稀なスーパースターに**誰でも**

簡単になれるような錯覚を起こしてしまうことです。また、そのような錯覚を起こさせるように仕向ける悪質な会社やメンバーも多いということです。

スーパースターとまでは言わなくても、上位資格レベルにいかにも簡単に昇格して、高い収入が得られるような錯覚を起こさせる「美味《おい》しい言葉」（罠）を並べるのです。

その最たる言葉が「**誰でも簡単にできるよ**」（直訳：お猿さんでもできるよ）です。

実は私も、そんな甘い言葉を信じてしまったことがあります（情けねぇ〜）。「**お猿さんでもできるんだったら、俺にでもできるはずだ**」と思い、「捕らぬ狸《たぬき》の皮算用」なんかして、「ウッシッシ！　大金が手に入ったら豪遊だ〜」なんてドラマに登場する銀行強盗みたいに、夜も寝ないで夢想していました。

ちなみに、こういう夜もロクに寝ないで欲の皮の突っ張っていらっしゃる人を、アメリカではレッドアイ・クラブ（目の充血した会員のサークル）って呼ぶんですよ。日本では、「脳内お花畑状態」って言うと聞いています。（笑）

話がちょっと横道に逸《そ》れちゃいましたので、戻します。

正確には、スーパースターが錯覚を起こさせるようなことを言うのではなく、実はスーパースターが**公に言わないこと**が、聞いている人たちに**錯覚を起こさせる原因**なのです。

彼らが公の場で決して口にしないこととは――。

彼らがネットワークビジネスを始めた時点で、すでに**膨大な人脈《コネ》を持っていた**ということです。

一般的にスーパースターと呼ばれる人の多くは、ネットワークビジネス経験も長く、過去に数社で大きな組織を築いた経験を持っています。なかには他社で築いた組織を、そのまま今の会社に引き連れて来る人も大勢います。

私が驚かされたのは、メンバー契約を結んでＩＤ番号を得た2日後に、20センチ以上もあろうかという積み重なった１０００枚近い記入済みメンバー登録書を会社に持ってきて、次々と順番通りに傘下組織者登録を済ませ、なんと数時間ほどの間に資格レベルをトップまで駆け上がった人もいたことです。会社側の責任者として、データ入力室でこの登録に立ち合った私は、「"Is this real?"」（ほんまかいな?）を連発するのがやっとでした。

「他社からの組織移動」以外にも、過去に活動したネットワークビジネスを通じて知り合った大勢のメンバーたちとの交流や、脱落したダウンのコンタクトリストから得た「人脈を持っていそうな人」など、膨大なコンタクトを持っていたりするのです。私自身、アメリカのロサンゼルス近郊に本社を置くネットワーク会社の副社長をしていたわずかの間や、メンバーとして活動している間に、かなりの数の名刺やコンタクトが貯《た》まりました。

このようにスーパースターは、最初から一般の人よりも、有利なレース展開をできるのです。

特に、設立したばかりで**急成長を遂げ勢いをつけたい**ネットワーク会社にとっては、ファウンダーと呼ばれる、数人のスーパースターを確保することが重要事項となります。ファウンダーは一般公募ではなく、その会社の経営陣の人脈を元に、「**ヘビー・ヒッター**」と呼ばれるスーパースター経験者や、他社のトップメンバーをしている人に密《ひそ》かに打診するのが一般的です。ネットワークビジネス業界は、**コネ**（繋《つな》がり）だらけの世界なんです。

確かにスーパースターは、皆と同じ1人のメンバーとして、同じスタートラインである最下位の資格レベルから始めます。でも、「うさぎと亀の競走」のうさぎさんのように、スタートと同時にものスゴいダッシュができるほどの人脈と経歴を持っているのです。

この「うさぎと亀の競走」は、古来の「うさぎと亀の競走」の物語と違います。「スーパーうさぎさん」は途中でさぼったりせず、そのままダーっと突っ走って一気にゴールイン（最上資格レベルに到達）してしまいます。

亀さんをぶっちぎって、大差で、うさぎさんがゴールインして勝っちゃうんです。

ただし、単に膨大な数の名刺やコネだけでは、傘下組織は作れません。（そう簡単にはいきませんよ）

ネットワークビジネスに限らず、ビジネスで成功している人には、共通する重要な要素《ファクター》があるのです。**実は、このファクターが、これからのネットワークビジネスで、とても重要なのです。**

この章でこのファクターだけについて書きますと、話が横に逸れていってしまい、弱い頭が混乱した私は本題に戻ってこられない可能性があります。そこで、ファクターについては本書の後半（解決策編）に詳しく書きますから、ここでは、大まかに説明します。

もちろん、ネットワークビジネスの経験者ばかりではなく、はじめてネットワークビジネスに携《たずさ》わり、上位資格レベルやスーパースターに到達したメンバーも多くいます。

例えば、佐藤さん（仮名）というキャリアウーマンがはじめてネットワークビジネスを始めたとしましょう。

佐藤さんは長年会社の営業畑で実績を重ね、経営幹部として役職に就《つ》いて高額所得を得ています。佐藤さんには営業経験があり、その営業活動を通して多くの人脈を築いていきます。しかも会社の経営幹部ということで、彼女のビジネス手腕を高く評価している人も多くいます。

ですから、佐藤さんが「面白いビジネスがあるのよ」と誘ったとき、彼女の話を聞いてみようと思う人が、周囲に大勢います。彼女は自分の営業経験や経営幹部というバックグラウンド、そして高額所得で得たお金を運転資金として最大限に活用します。アポ取り、プレゼンテーション、クロージング、ミーティングのセットアップと進行、トレーニングといったことを無難にこなします。そして比較的早く大きな組織を築いて、グングンと資格レベルを登っていきます。

つまり、佐藤さんがネットワークビジネスを始めた時点で、すでに**重要な要素**《ファクター》を持っていて、それに基づいた人脈という「蓄積」があったのです。しかも、佐藤さんには彼女と同じような**ファクター**と「蓄積」を持っている人が集まり、またそこからファクターを持った人たちへと広がっていき、とても早く傘下組織が出来上がっていくのです。

もう一方で山本さんという主婦が、佐藤さんとほぼ同時期に、はじめてネットワークビジネスを始めたとしましょう。

山本さんは大学を卒業して結婚前に会社で事務仕事の経験があります。結婚後は専業主婦として家庭を守り、子育てに専念する生活を続けてきました。山本さんはやりくり上手で、余裕があるわけではないものの、普通の幸せな生活を送っています。

しかし、ご主人がいつリストラに遭《あ》うか分からない状態のうえ、子どもさんの学費も年々増え続け、家計のやりくりにも限界があります。「空《あ》いている時間を利用して気軽に副収入を稼げるよ」と誘われて、「それならできそうだわ！」と気軽に始めました。

山本さんはトレーニングもしっかりと受け、製品やビジネスのことも勉強します。営業経験のない彼女は、アプローチの仕方、アポの取り方、プレゼンテーション、クロージング、トレーニングの仕方といったビジネスのイロハを基礎から学ばなければなりません。

もうこの時点で、佐藤さんが有利であることが、お分かりいただけると思います。

山本さんはアップラインの指示に従って、学生時代の同級生や、主婦仲間、趣味を通じた友人をリストアップして、見込み客名簿《コンタクトリスト》を作り、次から次へと勧誘《アプローチ》をします。

山本さんは佐藤さんと同じように「面白いビジネスがあるんだけど、話を聞いてみない？」と誘います。でも、「**興味がない**」とか「**時間がない**」といって断られ続けます。なかには、「主婦のあなたがどうして急にビジネスの話なんてするの？」と訝《いぶか》る友人もいます。

これは決して山本さんの人格や信用、または能力が佐藤さんより劣るという意味ではありません。単に、ビジネスを始めた時点で、**ファクター**があったか、なかったかの違いにすぎません。

もう皆さんお気づきですよね？

「主婦のあなたがどうして急にビジネスの話なんてするの?」

2人とも同じ時期に最下位資格レベルという同じスタートラインから始めました。しかし、この2人を前出の「うさぎと亀の競走」という観点から見てみますと、佐藤さんが「スーパーうさぎさん」、山本さんが「亀さん」となり、佐藤さんが断然有利です。

現在ネットワークビジネスに携わっている人なら、佐藤さんや山本さんのような人が周りにいますよね?

これは、ネットワークビジネス業界だけではなく、一般のビジネス業界でも日常茶飯事で、決して稀なケースではありません。

「それじゃあ、ネットワークビジネスなんて不公平だ!」と思われるかもしれません。しかし、ネットワークビジネスの「**フェア**」な部分の1つは、「誰もが1人のメンバーとして、**同じス**

タートラインから出発する**」ということです。

学歴、学閥、家筋、性別、宗教、年齢に関係なく、皆同じスタートラインからの出発なのです。

ネットワークビジネスのアップラインは上司ではありませんから、昇格するためにゴマをすったり、お中元やお歳暮なんて贈んなくていいんです。〝池ポチャ〟なのに、「ナイスショット！」なんて白々《しらじら》しいこと言わなきゃなんない接待ゴルフもありません。

私の傘下組織の中には、私よりも後から始めて私を追い越し、資格レベルが私より上、収入も多い人がたくさんいます。（自慢している場合やないなぁ〜）

彼らは私と同じ最低資格レベルというスタートラインから出発して、私よりも業績を上げたので当然なのです。

これを、私は「**公平**《フェア》」と呼んでいます。

問題なのは、スタートラインは同じでも、各自の「蓄積」の違いで、そこからのビジネスの進展具合が大きく違ってくるのに、**そのことを隠して言わない**ことなのです。

蓄積のない人は、まず時間と労力をかけて「蓄積」を貯めなければならないのに、スポンサーやアップラインがその事実を正直に言わないことなのです。

それではなぜ、スポンサーやアップライン、スーパースターはこの「蓄積」について隠すのでしょうか？　それは、蓄積を貯めていく段階で、「**断られる**」という「**苦痛**」が伴うと思っているからです。

事実、彼らはこの「断られる」苦痛を、さんざん味わってきているのです。プロのセールスの人たちですら、この苦痛に耐えかねて、時々挫折してしまいます。

当然、新しいメンバーにとって、この拒絶という苦痛はものすごい「**恐怖**」なのです。

ですから、アップラインたちは「簡単にできるよ」と、いかにもこの苦痛がないかのような嘘をつくのです。（地獄の閻魔《えんま》はんに、舌を抜かれまっせ）

ごく稀に、何のビジネス経験もない人が、どんどん実績を上げて高い資格レベルに昇格して、高い収入を得る「稀なケース」があります。それを、「ネットワークビジネスというビジネス形態だからなし得た」と、主張する人もいます。

しかし、実はそういった成功した人たちには、やはり共通した**要素**《ファクター》があるものなのです。

確かに、彼らの成功には、ネットワークビジネスという、「ビジネス形態」という理由もあります。しかし、それよりも、**ファクターが成功の最大の要因**なのです。（詳しくは本書の〈解決策〉編で解説します）

ところが、それをネットワークビジネスという、「ビジネス形態」のお陰で成功したと勘違いしたまま、いかにも誰にでも簡単にできると言うことは、話を聞いている相手に間違った印象を与えてしまいます。膨大な資本金や経費を必要としないネットワークビジネスは、確かに比較的簡単に**始められる**ビジネスです。

しかし……。

簡単に**始められる**（参入障壁が低い）のと、簡単に**できる**（成功できる）とでは**大違い**なのです。

狭き門より入れ、滅びにいたる門は大きく、
その路《みち》は広く、之《これ》より入る者多し。

聖書

罠その2

世界中の人たちが見込み客だ！

他《ほか》にも、
「こんな素晴らしい製品のことを知ったら、きっと皆が飛び付くよ」
「こんなスゴいビジネスチャンスがあることを、皆はまだ知らないだけなんだ」
なんてヴァージョンもあります。

確かに理論的には、全日本国民、いや世界中すべての人たちが、見込み客《プロスペクト》です。

しかし……。

ここであえて言うのもアホらしいのですが、**世の中には、あなたの会社の製品やネットワークビジネスにまったく興味のない人が大勢いる**というのが事実です。

それなのに、
「皆（見込み客）はまだこの製品の素晴らしさを知らないだけで、知ったら必ず買う」

「ミーティングに連れて来て、ネットワークビジネスの素晴らしさを理解させれば、必ずメンバー登録するはずだ」

なんてアホなことを言うスポンサーやアップラインがいるから手が付けられません。

あ〜っ、また血圧が上がってきた！

アメリカにも「**スリーフット・ルール**」というのがあります。

つまり「**自分の1メートル**（スリーフット）**圏内に入って来たすべての人に、片っ端からアプローチしろ**」といった意味です。

これじゃまるで、海底の岩穴の中に隠れていて、知らずに泳いで来た魚にいきなり**ガブリ！**　と噛《か》み付く「**うつぼ**」そのものです。（笑）

私は実際、この**うつぼ**（以下〝**うつぼ**メンバー〟）に、何度も遭遇したことがあります。

ある日、スーパーマーケットで食品を入れたカートを押してレジ待ちしていたときです。

私の前には4人の買い物客がレジに並んでいました。私の前で順番を待っていた若くて美しいの金髪女性が、後ろの私に振り向き「ハーイ！（こんにちは！）」と爽《さわ》やかな笑顔で挨拶《あいさつ》をしてくれました。

愛想のいい人が比較的多いアメリカでは、見ず知らずの人に軽く挨拶するのは珍しいことではありません。私もいちおうビジネスマンの端くれですから、デレ～っと鼻の下を伸ばし、「ハーイ！」と笑顔で応えました。

その女性が、「こんな時間に男性（私のこと）がスーパーマーケットで買い物をしているなんて、珍しいわね」と言いました。確かに火曜日の午前11時ごろにスーパーマーケットで買い物をしているのは、圧倒的に女性（たぶん主婦）です。会社勤めしている男性が、火曜日の午前11時ごろにスーパーマーケットで買い物をしているなんてことは、稀ですからね。

私は独立（自営業）していますから、スーパーマーケットが一番空《す》いている時間帯（火曜日の午前11時ごろ）に、買い物を済ませるようにしていただけなんです。

もちろん、そんな回りくどい私の事情など、レジ待ちの短時間に説明するつもりはありませんでしたから、「うん、自営業だからね」とだけ言って答えました。「前日に、妻とのジャンケンに負けて買い物に行く羽目《はめ》になった」なんて本当のことは、口が裂けても言えません。

余談ですが、私の妻はデンマーク系アメリカ人です。アメリカのジャンケンは、「ポン！」って出すタイミングが、日本のジャンケンと若干違うんです。どうも妻のほうが微妙に、後出しをしている気がしてなりません……。私はいつも負けてばかりです。

さて、先のレジに並んでいた女性について話を戻します。

その女性は私に向かって「**あなたは今の生活に満足していますか？**」といきなり尋ねてきました。

「えっ！　いったい何を唐突に訊《き》くねん！」と、目を点にして呆《あき》れていると、その女性が続けて、「**スゴいビジネスチャンスがあるんですけど、話を聞いてみますか？**」と、私を誘いました。

この時点で、「はは～ん、これはきっとネットワークビジネスに違いない」と、古畑任《ふるはたにん》三郎《ざぶろう》のように察知した私は、「いったいなんちゅう酷《ひど》いアプローチをしてんねん」と心の中で思いながら、「**せっかくですが、興味がありません**」と、クリント・イーストウッドのような渋い感じでお断りしました。

彼女はほかにも何か言いたそうでした。でも、レジ待ちしている短時間で私を説得する余裕がないためか、諦《あきら》めた様子で「後で興味が湧《わ》いたら、連絡してね」と言って、私に慌《あわ》てて名刺を渡しました。彼女の名刺を見ると案の定、あるネットワークビジネスのメンバーでした。

そうなのです。私はこの〝**うつぼ**メンバー〟が待ち伏せしている岩穴の前を、何も知らずスイスイと泳いでいた「可愛《かわい》いお魚さん」だったのです。（可愛いくはないか、ハハ……）

厄介なことに、この〝**うつぼ**メンバー〟たちは神出鬼没。

いつどこから、いきなり**ガブリ！**　と噛み付かれるか分からないのです。（怖～い）

次に、これはある高級レストランで見かけた光景です。

えっ？　「何でお前が、高級レストランで飯を食ってるんだ！」ですって？

アメリカにも、日本の高級レストラン並みの料金をとる高級レストランがあります。もちろんケチな私は、いつもこんな高級レストランで食事なんてしません。

実は友人のアレンとある賭《か》けをして、私が勝ったため、アレンが私に食事をおごる羽目になったのです。お勘定は敗者のアレン持ちですから、あえて超高級レストランを選んだ私を、責めないでくださいね。

さて、メインの料理をたらふく食べ、支払いを考えて青ざめているアレンを無視して、「さ～て、デザートは何を注文しようかな～」なんて、デザートメニューを見ながら考えていたときです。

突然大きな声が耳に入りました。

アメリカ人は、ワイワイガヤガヤとお喋《しゃべ》りをしながら食事を楽しむ習性があります。でも、落ち着いた雰囲気の高級レストランで大声で話すのは、マナー違反です。

その大声の主はミスター・ジョンソンという恰幅《かっぷく》の良い男で、その話ぶりからどうやら常連客のようでした。彼のテーブルを担当したのは新人ウェイターで、まだ慣れない手つきでサービスをしていました。その新人ウェイター君に向かってその男が、「どうだ？面白いビジネスがあるんだが、興味あるか？　スゴい収入になるぞ！　DVDを渡すから、家に帰ってから観てみろ」と、かなり上から目線で話しかけています。

DVDを渡されたその新人ウェイターは、当惑した様子でした。でも、無下《むげ》に断ってお客様のご機嫌を損ねてはいけないと思ったのでしょう。「ありがとうございます。さっそく観てみます」と、社交辞令的な返事をしていました。

しばらくして、その男性客は帰って行きました。先の新人ウェイターが私たちのテーブルの傍《そば》を通ったので、ちょっと声をかけてみました。

「さっきの客は常連さんなの？」

「はい、そうです」

「ずいぶん偉そうにしていたね」

「ええ、まあ、お得意さんですから」

「ところで、さっきのDVDのラベルだけでも見せてくれないかな？」

「はい、いいですよ」と言って、ウェイターはＤＶＤを取りに行きました。

「お客さん（私のこと）が興味あるんでしたら、差し上げますよ」と、私に手渡しました。

「ありがとう。でもラベルを見せてくれるだけでいいよ」

そのＤＶＤのラベルを見ると、あるネットワークビジネスの宣伝《プロモーション》用ＤＶＤでした。

新人ウェイターに「君は彼が言っていたビジネスに興味があるの？」と尋ねると、「もちろんビジネスで成功したいという夢はありますが、正直言って**あの方**（さっきの常連客ミスター・ジョンソン）**とは絶対に関わり合いたくはない**ですね」と、答えました。

そして「何か上手く断る方法があればいいんですが……」と、独り言のようにため息混じりで言いました。

私は彼が可哀想《かわいそう》になり、「余計なお節介かもしれないけれど」と前置きをしてから、〝**上手い断り方**〟を彼に伝授しました。なんせ私は、過去にさんざん断られた経験がありますから、**断り文句の蓄積**はたっぷりあるんです。

彼は大へん喜んでくれて、「お客さん、これはサービスしておきますね！」と言って、注文したデザートを無料にしてくれました。それを聞いてガッツポーズで喜んだのは、言うまでもなく、勘定を受け持つアレンでした。

私は同業者ですから、この〝**うつぼ**メンバー〟のアプローチ（噛み付き）を苦笑いで済ませられます。でも、もしこれが、ネットワークビジネスとはまったく関係のない人や、ネットワークビジネスに対して反感を抱いている人（アンチ）だったら、どう感じたでしょう。

こんなアプローチをあなたの親類や友人にしたら、いったいどういう反応が返ってくると思いますか？

間違いなく**拒絶**されるでしょう。アンチの人だったら「やっぱりネットワークビジネスって、バカげた商売だ」と思われたことでしょう。

こうした〝**うつぼ**メンバー〟たちが、ネットワークビジネス業界の評判を下げていることは間違いありません。

ところで皆さん、**MLM**（ネットワークビジネス）のイニシャルの意味をご存知ですか？

最初の**M**はMulti（マルチ／複数）。

次の**L**はLevel（レベル／層）。

そして最後の**M**はMarketing（マーケティング）です。

説明がまわりくどくなって申し訳ありません。MLMとは、「**複数層に重なる人たちに**

よる、マーケティング」という意味です。

ちなみに、複数層とは、組織図の下層部、中間層、上層部と、重なる層のことです。組織図上、自分から直系の上の層を「アップライン」と呼び、下の層を「ダウンライン」と呼びます。

残念なのは、ネットワークビジネスとは**マーケティングのビジネス**であることを、大多数のメンバーが知らないことです。というか、知らされていないことです。

〝**うつぼ**メンバー〟たちがやっていることは、素人の**粗悪なセールス**（粗悪な勧誘）であって、とうてい「マーケティング」と言えるものではありません。

マーケティングとは、直訳すると「販売戦略プラン」となります。ネットワークビジネスだけではなく、大多数のビジネスでもマーケティングは重要です。

特にネットワークビジネスをはじめて始める人たちの多くは、「素人」ですので、**ネットワークビジネスにおけるマーケティング**（M）というものの意味を、理解しておく必要があるのです。

また、なかには「アメリカでは産業として認められている」と宣伝するアップラインやメンバーがいますよね。「認められている」という言い方は、曖昧《あいまい》な表現ですが、「産業として確立している」という意味だと思います。

私はアメリカに25年以上住んでいて、一般的なビジネスの世界にも長年身を置いてきた経験から言いますと、ネットワークビジネスはアメリカ社会では「怪《あや》しいビジネス」という見方が大半です。ネットワークビジネスは産業として認知されているとは、とても言い難《がた》いでしょう。

テレビやラジオでも、いろいろな在宅ビジネスの宣伝を頻繁《ひんぱん》にしています。これまた露骨に「ネットワークビジネスではなくて、まともなビジネスですから安心してください！」と言っています。（公共の電波で、そこまで言うか）

ネットワークビジネスは、アメリカでは容認されています。でも、産業として確立しているなんて、とんでもないことです。私はいつか、ネットワークビジネスが産業として確立してほしいと願う者です。しかし、その道程はまだまだ長く険《けわ》しいと思っています。

ちょっと話が堅くなってしまいましたね。

実は私はこういったマーケティングだの、販売戦略プランだのといった難しい用語を使う話が大の苦手です。しかし、ネットワークビジネスに関するセールスとマーケティングの話をしないわけにはいきません。さりとて、ここでその話をすると、また横道に逸《そ》れてしまいますので、これは本書の後半で詳しく取り上げます。

さて、「世界中すべての人たちが見込み客」と言うこと自体は、嘘ではありません。問題なのは、ビジネス指導をしているアップラインが、「**見込み客**」と「**思い込み客**」の違いを、認識していないことです。

つまり、一般的にネットワークビジネスで言われている見込み客とは、実は〝**うつぼメンバー**〟が、**勝手に見込み客だと思い込んでいる**だけなのです。

例えば、田沢さんという40代半ばで、中堅の広告会社の営業課長がいるとしましょう。田沢課長は明るく人当たりも良く、得意先や部下からの評判も上々で、豊富な人脈も持っています。

彼には奥さんと、高校受験を控えた中学生の息子さん、大学受験を控えた高校生の娘さんがいます。これから増え続ける教育費に対する不安も抱えています。田沢さんは社内でも評価は高く、幹部候補生として有望視されています。ところが、会社の将来に展望が持てず、「**できることなら独立起業をしたい**」という密《ひそ》かな願望があります。

圧倒的多数のメンバーは、田沢さんのような人を、喉《のど》から手が出るほど欲しい「**絶好の見込み客**」と思い込み、がんがんアプローチをかけるはずです。

以前の私なら、田沢さんのような人がいると知ったら、どんなに遠くてもぶっ飛んで行ってネットワークビジネスに誘ったでしょう。ストーカーみたいに朝から晩まで田沢さんに付きまとって、ビジネスの話をするチャンスを狙《ねら》っていました。

そうです、まさに**うつぼ**のように。

しかし、田沢さんは絶好の見込み客どころか、単なる見込み客ですらないのです。「どうして田沢さんが、見込み客じゃないんだ?」と、疑問に思う人もいらっしゃるでしょう。

確かに田沢さんには経験も人脈もあり、起業願望も持っています。

しかし、田沢さんが実際に独立起業のための情報を集めたり、起業セミナーなどを受講するといった**具体的な行動を起こしている人**でない限り、田沢さんは見込み客ではないのです。

実は、田沢さんのように起業願望を持っている人は星の数ほどいます。ここで多くのメンバーが犯す過ちは、ただ願望を持っている人と、実際に模索をしている人とでは、**天と地ほどの差がある**ことに、気がついていないことです。

私などが言うまでもなく、ネットワークビジネスに限らず、ビジネスとは、「**実際に行動を起こしている人たちで、成り立っている**」のです。いくら強い願望を持っていても、何も行動をしなければ、何も起きないのです。

「それなら、田沢さんのように起業願望を持っている人にアプローチして、ネットワークビジネスを紹介すれば行動を起こすのではないか」とおっしゃる人も多いと思います。けれど、それはメンバー側の**勝手な思い込み**です。実際に人を行動させるには、かなりレベルの高いトーク（相手に動機づけをする能力）が必要になります。

しかし、大多数のメンバーは**素人**で、レベルの高い動機づけ能力など持っていませんから、結局、本書で挙げるような〝罠《落とし穴》〟（ほとんどの場合、当人は罠とは知らない）を使って、何とか説得しようとしてしまうのです。

なかには、「ビジネス機会や素晴らしい製品を提供する人助けのビジネス」と主張するメンバーも多くいます。

しかし、実は自分のネットワークビジネスに勧誘するため、つまり自分の利のためだけに、アプローチしている場合（我田引水）が多いのではないでしょうか。

私も、当初はアップに言われるまま、〝うつぼ〟のようなアプローチをしていました。でも、もうしません。それでもというか、だからこそ傘下組織を築くことができました。なんだか禅問答みたいになってしまいました。詳しくは〈解決策〉編で取り上げます。

私にとって、**本当の見込み客**とは、実際に起業のための模索行動をし、「あなたのビジネスについて教えてください」とか、「あなたと一緒に仕事をさせてほしい」と言って、自分の方に**アプローチをしてくる人**のことです。

見込み客の方が、**私にアプローチをする**ように、独自の**マーケティング**をしているのです。もちろん同じ方法を、傘下組織の人にも教えています。

自分のネットワークビジネスの利のために、思い込み客を追いかけ回しているメンバーは、いつまで経《た》っても、低俗な〝**うつぼ**メンバー〟としてしか扱われません。

しかし、見込み客からアプローチされる人とは、**エキスパート**として、敬意を持って信頼されています。皆さんちょっと考えてみてください。

もしあなたがメンバーなら、〝**うつぼ**〟として扱われる方か、それとも、真の**リーダー**として信頼される方か。

どちらを選びますか？（そんなこと訊《き》かなくても分かるっちゅーの）

志の低い人間は、
それよりさらに低い実績しか挙げられない。
落合博満（プロ野球中日ドラゴンズ監督）

罠その3

セールスじゃないよ

「ネットワークビジネスは、セールスじゃないよ」と言う人がいます。しかし、いきなり答えから先に言います。

「セールスです！」

そりゃそうですよね？

販売《セールス》という行為によって、商品なり、サービスなりが流通するわけです。販売によって商品が流通しなければ、ネットワーク会社は倒産してしまいます。

セールスという言葉には、商品購入を促す「勧誘活動」と、金銭と商品が実際に交換される「販売」の2つの意味が込められています。ここでは「**勧誘活動**」という定義で話をします。

私を含めて大多数の人は、勧誘《セールス》をするのが苦手で嫌いです。その理由は「罠その2」でも言いましたように、ただ1つ、「**断られるのが怖いし、苦痛**」だからです。

ネットワークビジネスでは契約書に署名し、登録が済んで晴れてメンバーになった時点で、アップラインが、「トレーニング」と呼ばれる「セールス・トレーニング」を施《ほどこ》すのが通例です。普通の人を、〝**うつぼ**メンバー〟に変身させるトレーニングなのです。

「えっ？　ちょっと待て！」と、気づかれた人もいると思います。

「セールスじゃないよ」と言って誘っておきながら、メンバーになった途端、**セールス・トレーニング**が待っているんです。これって、矛盾していますよね。（笑）

そのトレーニングで、新人メンバーに、まっ先に課せられる宿題があります。（ちなみに、私は学生時代から宿題が大っ嫌いです）

その宿題とは、見込み客名簿《コンタクトリスト》を作ることです。私はこれを、「**勝手な思い込み客名簿**」と呼んでいます。

プロのセールスの人なら、思い込み客でも上手く販売する技術を持っています。でも、メンバーの大多数は、そんな技術は持ち合わせていないのです。

セールスの経験のある人ならすでにご承知だと思いますが、この見込み客名簿を作ることは、セールスのイロハのイです。英語ではプロスペクトリストと呼ばれるもので、新人メンバーが自分の親兄弟、親戚《しんせき》や知人、友人などの名前と連絡先を片っ端からリストアップしたものです。

このリストは**ウォームマーケット**（親兄弟、親戚や知人、友人）と、**コールドマーケット**（面識や交流のない人たち）という、基本的にこの2つに分類されます。

トレーニングでは、まずウォームマーケットリストの人たちにアプローチをするようにと、指導されるのが一般的です。このリスト、業界の隠語で「義理人情リスト」って呼ばれています。なぜかって？

詳しく説明すると、とても長くなってしまいますので、簡潔に説明します。

ウォームマーケットの人たちは、新人メンバーがアプローチしたときに、「知ってる仲のよしみ」（義理）で、無下《むげ》に断らないからです。運が良ければ話だけでも聞いてもらえますし、義理で製品を買ってもらえるかもしれないからです。新人メンバーの中には学校や職場の先輩という立場を利用して、後輩（可哀想な餌食《えじき》）に無理やり迫るメンバーも大勢います。

余談になりますが（もうお気づきかと思います。集中力が欠如している私は、余談が好きなんです）、以前、あるベッドの訪問販売会社の営業部長さんと話をする機会がありました。

この会社はテレビでコマーシャルを流していて、社名は結構知られている会社なのに、評判はあまり良くありませんでした。私が、「ベッドのような高価な耐久消費財のセールスをするのは大変でしょうね?」とその営業部長に問い掛けると、「そうですね、ここの営業部は人(セールス担当者)の入れ替わりが激しいんです」と答えました。

「へぇ~、そうなんですか。どうしてそんなに入れ替わりが激しいんですか」

「うちの営業部のセールス担当者の給料は、わずかな固定給と歩合制なのです」

「つまり、ベッドを売った売上に応じた収入ということですね」

「その通りです。わずかな固定給だけではとても生活はできませんし、3ヶ月間で目標を達せられなければ解雇されます」

「プレッシャーが、かかりますね」

「セールスの世界は、結果がすべてです」

「新人の中で、目標を達せられる人は何人くらいいるのですか」

「100人中、10人いるかいないかですね」

「10%を割るわけですか! 90%が脱落しても、会社は経営を続けることができるのですか」

「脱落するセールス担当者の大多数は、最初は家族や親類、友人(ウォームマーケット)なんかに泣きついて、とりあえず1つか2つは何とか売ってくるのです」

「けれど、そこから先は行き詰まって挫折して、次から次へとセールス担当者が入れ替わるわけですね」

「そうです。耐久消費財ですから、1人が1回売れれば、それでもOKです」

「だから、次から次へと新人セールスを雇っているんですね」

「まあ、そういうことです」

この営業部長と話をして、会社の評判が悪いのが納得できました。案の定、数年後にこの会社は倒産しました。

誤解を招くといけませんから、ここで一言申し上げておきます。このベッド販売会社のやっていたことは、プロのセールスとはほど遠い低俗なものです。皆さん、この会社がやっていたことが、セールスだと勘違いされないようにお願いします。

残念ながら、ネットワークビジネスにおいても、このベッド販売会社と同じようなことをしている会社やアップラインメンバーが数多くいます。

ネットワークビジネスでは、コールドマーケット（面識や交流のない人たち）の人たちは、ウォームマーケットの人たちの次にアプローチする人です。ウォームマーケットで良い成果を上げられなかった場合、次の手段としてコールドマーケットにアプローチをするのが一般的です。

新人メンバーの中には、家族や親類、友人に販売するのは気が引けるから、何の関係もない他人にアプローチする方が楽だと思っている人も大勢います。ところが、一般的にはコールドマーケットへのアプローチはウォームマーケットより難しいとされています。

コールドマーケットの人たちは、新人メンバーとは交友関係も何もありませんから、義理立てする必要もなく、その名の通り、冷たく無下に断ります。

皆さんも、突然の訪問販売や電話によるセールスを「結構です！」（そんなもん要《い》りまへん）なんて言って、無下に断ったご経験がありますよね？

皆さんもお気づきになったと思います。ウォームマーケットで良い成果を上げられなかったメンバーが、それよりも難しいコールドマーケットで、良い成果を上げられるわきゃないんです。

にもかかわらず、**「手当たり次第にアプローチしろ！」**なんて、アホな指導をするアップラインが大勢いるのが現状です。

「下手な鉄砲も、数撃ちゃ当たる」（ビデオゲームなら、それでいいかもしれないですが）

「Ｎｏと断られる数が多ければ多いほど、Ｙｅｓという承諾に一歩近づくんだ」（ほんまかいな？）

「とにかく、まず１００回断られてこい！」

なんて、時代錯誤の「ど根性セールス」みたいなことを言うアホなアップラインまでいる始末。

3回断られただけでも、かなりの苦痛で辞めたくなるのに、あと97回も、わざわざ断られに行く人（変人）**がいると思いますか？**

そのうち「闘魂注入《とうこん》ビンタ」なんていうものが、トレーニングに導入されたりするんじゃないでしょうか。（笑）

ネットワークビジネスでも、前出のベッド販売会社のセールスのように、親や親類に泣きついて製品を買ってもらったり、友人に義理立てさせて製品を買わせる新人メンバーが多くいます。

しかし、そのうちに売る（勧誘する）相手がいなくなってしまい、**大量の在庫を抱え込んでしまう**ケースがものすごく多いのです。

今では、法律がかなり整備されています。クリーリングオフと呼ばれる解約ができる期間を法律よりも長めに設定したり、未使用在庫の返品を受け付けたり、無理な製品購入を強制しないネットワーク会社が増えています。それでも、ビジネスとして取り組んでいるメンバーの大多数が、勧誘《セールス》でつまずいて、脱落していくという「**根本的な問題**」は、解決していないのです。

　ここで、皆さんに誤解していただきたくないのは、私は決してセールスを見下しているわけではありません。むしろ、営業《セールス》という難しい仕事をしているプロの人たちには、心から敬意を表します。

「職業に貴賤《きせん》無し」と言います。でも、セールスを単なる「物売り」として、見下す人が多いことも残念な事実です。

　しかし、よ～く考えてみてください。

　会社勤めで給料を貰《もら》っている人だって、勤めている会社が製品やサービスを売った収益の中から、給料が支払われているわけです。時給で働いている人なら、自分の時間を売って収入を得ているわけですし、医師や弁護士、先生、コンサルタントも自分の時間や専門知識や技術を売って、収入を得ているわけです。

　就職する際の面接とは、就職したい会社に「自分を売り込む」セールスの機会のことです。（子どもに野菜を食べさせるときも、「大きくなれるぞ～」なんて言って、野菜を売り込んでいるわけでしょ？）

　直接にせよ、間接にせよ、皆、「何かを売って、収入を得ている」わけです。ですから、セールスが下賤《げせん》で、それ以外の職業が高貴なんて、ヘンな差別はしないでくださいね。

問題の根源は、販売（勧誘）の**素人**であるメンバーたちがやる、とんでもない〝**うつぼアプローチ**〟なのです。

それじゃあ、どうしてこの〝うつぼアプローチ〟が上手くいかないかを、説明しますね。

例えば、良夫《よしお》くんが結婚相手を探しているとしましょう。

良夫くんは、渋谷の駅前交差点で、人混《ひとご》みをじ〜っと見つめています。その人混みの中に、自分の好みのタイプの女性を見つけると、彼は猛然と駆け寄ってこう言います。

「**僕と結婚してくれませんか?!**」

いきなり見ず知らずの男から、路上でいきなりプロポーズされ、驚いてたじろぐ女性。

（そりゃあそうだろ）

良夫くんは続けます。

「**僕は背も高くハンサムで、一流企業に勤めていて高収入です。僕と結婚してください！**」

女性は目を点にして絶句状態。そして足早に逃げて行きます。

良夫くんはまた人混みの中から別の女性を見つけ、そして猛然と駆け寄って行ってこう言います。

見ず知らずの女性へ
「僕と結婚してくれませんか?!」

「僕と結婚してくれませんか?!」

今度は完全に無視されました。

良夫くんは、「**きっとプロポーズの言葉《セリフ》が悪いんだ**」と思い込み、別のセリフを考えつきます。人混みの中から次なる女性(犠牲者)を見つけて猛然と駆け寄ってこう言います。

「貴女《あなた》のような素敵な女性に巡り会えて最高です！　僕と結婚してください！」

その女性は驚きながら「あなた、いったい誰？　近づかないで！」と叫び、走り去って行きました。

良夫くんは、またしても次の女性に駆け寄って行きます。

「僕と結婚してください！」

バシッ！（ハンドバッグで思いっきり張り

倒される音）

「痛て～ッ！」

タフな良夫くんは、これくらいじゃあへコタレません。人混みの中から次から次へと好みの女性を見つけては、猛然と駆け寄って、「**僕と結婚してくれませんか?!**」と、路上プロポーズを続けます。しかし、すべての女性に、ことごとく断られました。

良夫くんは、意気消沈して思います。

「**やっぱり、プロポーズなんてそう簡単にできるもんじゃないな。結婚するのはもう諦めよう……**」

皆さん、良夫君の行動についてどう思いますか？

「アホな奴だ」

「いったい何を考えてんだ！」

「いきなりプロポーズしたって、上手くいくわきゃないだろうが」

「まずデートを重ねてから、プロポーズをするのが常識だろ」

皆さんのおっしゃる通り、良夫くんの行動は常識を逸脱しています。一般的に結婚に至るまでのプロセスは、恋愛だろうがお見合いだろうが、まずデートを重ねてお互いを知り、そしていよいよプロポーズ。ＯＫが出れば晴れて結婚となるわけです。

プロポーズをした相手の女性は、プロポーズ自体より、その前に重ねたデートから、その男性を結婚相手として選ぶかどうかを判断するのが普通です。初対面でいきなりプロポーズして、「はい、結婚しましょう」なんて承諾してくれる相手がいるわきゃありません。

またもや余談ですが、私の場合、「Will you marry me? なんて、そのままでは芸がないし、一体何て言ってプロポーズしようかなあ～……」なんてモタモタ考えていたら、「Let's get married.（結婚しようよ）」って、彼女（今の妻）に、先に逆プロポーズをされてしまったのです。（おいおい）

慌てて「普通プロポーズは、男がするもんでしょ？」と言いました。でも、「だって、あなた（私）がいつまで経ってもグズグズしているからよ」と言い返されてしまいました。（面白い。いやいや、♥ロマチック♥で、カッコイイセリフを一生懸命考えていたのに）

さて、話を〝うつぼアプローチ〟に戻しますね。

皆さん、覚えていますか。本章のはじめで、マーケティングと勧誘《セールス》について少し触れましたよね。

そこで「セールスという言葉には、商品購入を促す『勧誘活動』と、金銭と商品が実際に交換される『販売』の2つの意味が込められています」と申しました。ここからは、次のような設定で話を進めます。

マーケティング＝デート

勧誘《セールス》＝プロポーズ

製品購入、または新規ビジネス参加＝結婚

単なる製品の愛用者としてだけではなくて、ビジネスとして取り組んでいるメンバーにとっての、**最終目的は製品の販売とビジネスへの勧誘**です。

皆さんは、前出の良夫くんの突拍子もないプロポーズを嘲笑《ちょうしょう》されるかもしれません。しかし、メンバーの多くは、実は良夫くんとまったく同じことをしているのです。実は私自身も、以前は同じことをしていました。

コンタクトリストの人たちに次から次へと電話して、「とても良い製品があるんだけど、買わない？」とか、「スゴいビジネスチャンスだから、やらないか？」なんて、**いきなり**勧誘《プロポーズ》をしていたのです。（ポリポリ）

確かに、ネットワークビジネスとは、情報を人から人へ「伝える」（口コミ）手法に間違いはないのです。しかし、製品の購入やビジネス参加への勧誘という、利害関係の生じる可能性を含んだ、**明らかにセールス**なのです。ビジネスとして売買関係が絡んでいるネットワークビジネスでは、「**口コミ＝セールス**」です。

だから「トレーニング」と称して、セールスのトレーニングをするわけでしょう？　それではなぜ、アップラインメンバーたちは、「セールス」という言葉を隠すのでしょうか？

答えは、彼らも、「**セールス＝無理な勧誘をすること**」だと思い込んでいるからです。

さて、「罠その2」でも言いましたように、MLM《マルチレベルマーケティング》とは、**複数層に重なる人たちによる、マーケティング**という意味です。層に重なるというのは、メンバーが、プロスペクトを新しいメンバーになるように誘い、その新しいメンバーがプロスペクトを新しいメンバーになるように誘うという具合に、**模倣しながら重複**していくことです。

つまり、ネットワークビジネスのユニークで重要な点の1つは、**模倣《コピー》のビジネス**だということです。

ところが、このことを、〝**うつぼ**メンバー〟になった途端、すっかり忘れてしまうんですね。〝**うつぼ**メンバー〟が、アプローチする相手の前で、メンバーになったら、「**この〝うつぼメンバー〟と、同じアホなことを、模倣しなければならない**」という醜い姿を、モロに晒《さら》け出しているわけです。どういうわけか、この矛盾に気がつかないのです。

良夫くんのプロポーズのような〝うつぼメンバー〟の醜い仕事ぶりを見て、「**わぁ～な**

んて素敵なビジネスなんでしょう♥　私も〝うつぼ〟のようになりたいわ〜♥　ポッ」なんて憧れる人がいるとは、とうてい思えませんよね。

問題は、**マーケティング**という、非常に大切なプロセスが抜けてしまっていることなんです。正確には、大多数のアップラインメンバーたちが、ネットワークビジネスにおけるマーケティングを知らないか、わざと無視しているのです。

マーケティング（デート）をきちんとやらなければ、セールス（プロポーズ）はスムーズにいきません。

マーケティングを確立すれば、逆にプロスペクトのほうからアプローチされるのです。〝うつぼメンバー〟のように、思い込み客を追いかけ廻す必要などまったくないのです。

これって、すごく気分的に楽だと思いませんか。

私は、傘下組織のメンバーや登録したばかりの新しいメンバーにも、「トレーニング」と称するセールス・トレーニングはいっさいしません。その代わり、「オリエンテーション」と呼ばれるマーケティングについての説明をします。

私のオリエンテーションに参加した人は、そのシンプルさに驚きます。私は、複雑なことが大嫌いですから。

ただし、私が教示しているマーケティング（本書の〈解決策〉編）は、確かにシンプルです。でも、**簡単**という意味ではありません。あまり資金を必要としないものの、「時間」と「労力」という先行投資（忍耐）が必要となります。慌《あわ》てれば慌てるほど、上手くいきません。

ビジネスである以上、メンバーにとっては、見込み客《プロスペクト》が製品を購入し、または新規にビジネスに参加をすることが、最終目標です。その目標を達成する方法として、**うつぼ式**と**マーケティング**という2つの選択肢があるだけなのです。

どちらを選ぶかは、皆さんのご自由です。

どんなビジネスでも、成功するためにはその道のプロになることが要求されるのに、ネットワークビジネスを始める95％の人たちが、プロになる気なんて最初からないんだ。彼らは、友人や知人を誘うだけで簡単に億万長者になれるという嘘を信じて、夢物語を買っただけなんだ。

マイク・ディラード（マグネティックスポンサリング開発者）

罠その4　ABCで簡単リクルート

今まで私の駄文《だぶん》に我慢して付き合ってくださった皆さんに、この章の後半で、私からささやかなプレゼントを差し上げたいと思います。「**プレゼントを差し上げます！**」と、声を大にしていますが、あまり大きな期待はしないでくださいね。

ところで皆さん、「**虎《とら》の威《い》を借る狐《きつね》**」っていう諺《ことわざ》をご存じですよね？　同じような意味で、「他人《ひと》のふんどしで相撲をとる」（ちょっと不衛生だなぁ～）という諺もあります。大雑把《おおざっぱ》な意味は、自分の力ではなく、他人の権力や肩書き、立場や財力、知力、知識といったものを直接もしくは間接的に利用するといったことです。

これは、皆さんも私生活で使っている技法で、子どもさんがイタズラをしたときなんかに「お父さんが帰ってきたら、叱《しか》ってもらうからね！」なんて言って、お母さんがお父さんの威を借りたりするでしょう？

これから紹介する話は、私がネットワークビジネスに関わる以前に体験した**珍事**です。

アメリカの企業では退職や転職による欠員が出ると、必要に応じて雇用をするのが一般的です。日本のような入社試験はなく、レジュメと呼ばれる履歴書の審査をしたうえで数人を選抜し、インタヴュー（面接）を行い、採用者を決定します。会社によっては、1次面接から2次面接、3次面接と数段階の面接を行うところもあります。

日本では総務課や人事課の担当者が面接をするのが一般的でしょうが、アメリカの場合は課長や部長といった各部門の長が直接面接を行い、採用する人を決定します。

私は以前、アメリカのある企業で部長をしていたときに、部内の1人が転職してしまい、新規採用をすることになりました。インタヴュアー（面接官）を担当するのは私で、総務課から渡された履歴書の中から5人を選び、面接に来るように通知を出しました。

この5人の中の1人、グレッグという23歳の青年が面接に来たときのことです。秘書から「グレッグという方が、面接に来られました」と、私のオフィスのインターフォンに連絡があり、「どうぞ、通してください」と答えました。

間もなくしてグレッグが私のオフィスに入って来て、その彼の後から1人の女性も入って来ました。私は社内の別の課の女性社員だと思い、私は彼女に向かって「申し訳ありませんが、これからこの青年の面接をしますので、用件は後にしていただけますか？」と言うと、「はじめまして。私はグレッグの母親で、キャリーと申します」と、いきなり自己紹介をされました。

「えっ！　お母さんなんですか？　それでは、グレッグ君の面接が終わるまで、秘書のデスクのあるロビーで待っていていただけますか」とお願いすると、「**実はこの子**（グレッグ）**は口下手で、上手く自分のことや経験を説明できませんの。ですから私が息子に代わって説明させていただきますわ**」と、宣《のたま》わったのです。（おいおい、マジかよ〜）

面接で母親が息子の代わりに受け答えするという前代未聞のリクエストに、目が点になってしまいました。それでも、お母さんはオフィスから出て行ってくれそうにない雰囲気でしたので、とにかく彼女の要求を呑《の》み、お母さん同伴での面接をすることにしました。

このキャリーというお母さんの受け応えは、確かに見事なものでした。（きっと何回もやってるんだろうな〜……）

私はグレッグに向かって質問をしているのに、このお母さんが横から代わりに返事をしてしまうのです。私は鼻をピクピクさせて、笑いを堪《こら》えるのに必死です。

「もちろん息子も人間ですから、短所もあります。でも、短所は彼の長所によって充分カバーされると思います。息子は幼いときから明るくて素直で、誰とでも上手く一緒に仕事

虎《とら》の威《い》を借りる狐《きつね》

ができると思いますわ」

「**息子を雇わなかったら、会社にとっては大きな損失よ！**」と、お母さんの自信に満ちた売り込みの言葉を最後に、30分ほどの面接は終了しました。いや〜、疲れました。グレッグは、スゴい虎（お母さん）の威を借りたのです。

さて、ネットワークビジネスには、「ＡＢＣ」と呼ばれるシステムが存在します。新しいメンバーが、「思い込み客リスト」を作った後に施すトレーニングの1つで、もちろん英語の勉強ではなく、次のような意味です。

A＝ビジネスや製品の説明をする、アップライン

B＝新人メンバー

C＝Bが誘ってくる見込み客（思い込み客）

ABCシステム

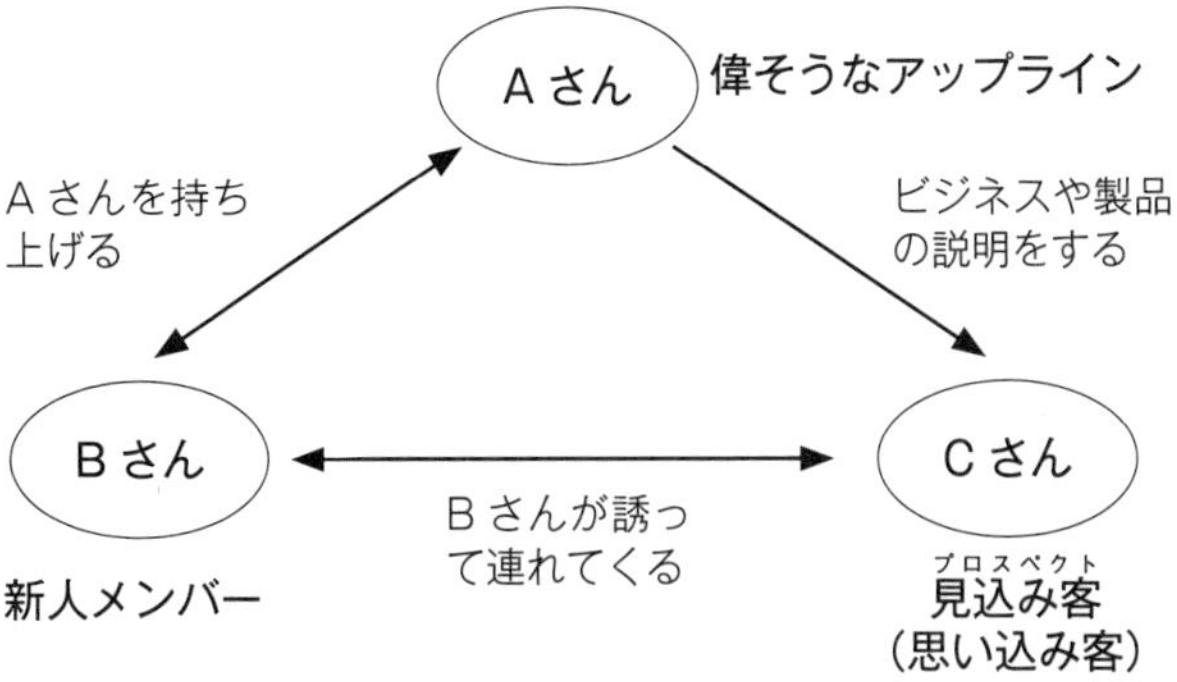

つまり、Aさんと呼ばれるベテランメンバーが、Cさんと呼ばれる、Bさんが見つけてきた思い込み客に対し、Bさんの代わりに製品の説明や売り込み、ビジネスへの勧誘をするのです。（Aさんは、まるで先のお母さんみたいですね）

これが、スポンサーやアップラインのビジネスサポートの基本であり、仕事の大半です。

「オポチュニティ・ミーティング」と呼ばれるビジネス説明会は、1つの会場に複数の見込み客を集めて行うABCの集団形式です。ただ、日本ではこのような説明会に見込み客を誘う場合は、特定商取引法上、メンバーが**誘う時点**でネットワークビジネスの説明会である旨を、**事前に伝える義務**があります。

この「ABC」自体は、ネットワークビジネス以外でも使われる、昔から存在する、効果的なプロのセールスの技法の1つです。決して珍しいものではありません。そのプロ用の技法を、ネットワークビジネスでも活用しているわけです。

さて、ABCを使う理由は、製品知識やビジネス経験の豊富でない新人メンバーBさんの代わりに、ベテランメンバーAさんが説明（勧誘）をした方が、成功率が高いという理屈からです。確かに、このABCがネットワークビジネスで効果的だった時代もありました。昔はインターネットもなく、今ほど巷《ちまた》にネットワークビジネスやメンバーの勧誘方法に関する情報が溢《あふ》れていなかったからです。

ABCが昔は上手《うま》くいった理由は、①見込み客Cさんは、Aさんの話の信憑《しんぴょう》性や事実関係を、素早く確認する方法（インターネットなど）がなかった。②Bさんに対する義理立て。③2（AさんとBさん）対1（Cさん）という、AB側の数的優位によるプレッシャーに押されたから。④ネットワークビジネス以外に、これといった在宅サイドビジネスが存在しなかった、といったところです。

さて、ここまでクドクドと説明しておいて何ですが、**私はABCはやりません**。と言うか、こんなアホらしいことは、とっくに止《や》めました。もちろん傘下組織の人にも勧めません。

「どうして、ABCをやらないいんだかって？」

それは、ＡＢＣが、**「Ｃさんをバカにしたシステム」**であること、そしてネットワークビジネスにおける**マーケティングの重要な要素を台無しにしてしまう**からです。

ネットワークビジネスにおける「ＡＢＣ」と呼ばれるこの方法が、いかにアホらしいかを簡単に説明させていただきます。

私はこれを、**「水戸黄門ＡＢＣ」**と勝手に名づけています。私も新人メンバーだったころ、ＡＢＣのトレーニングを受けました。新人メンバーが３人１組になって、交代でロールプレーなんかをして練習するのです。

ＡＢＣで重要なのは、Ａさん役を上手くやるよりも、Ｂさん役を上手くやることなのです。つまり、Ｂさん役が簡単そうで、実はちょっと難しいのです。

トレーニングが終了したら、**水戸黄門ＡＢＣ**をいよいよ実戦で使います。水戸黄門ＡＢＣが上手く機能するためには、まずＢさんは、Ａさんを持ち上げる**「ティーアップ」**と呼ばれる下準備を、周到《しゅうとう》にしなければなりません。

「アップライン（Ａさん）**がスゴい成功者だから、きっと君も成功できるよ」**

「あなた（Ｃさん）**のために、私**（Ｂさん）**がなんとかＡさんに時間をとってもらって、説明していただけるように頼んであげたのだから」**

「彼（彼女）**から直接話を聞けるあなた**（Ｃさん）**は、とてもラッキーだ。感謝しなさい」**

なんてもったいつけたことを、Cさんにさんざん言って、Aさんを思いっきり持ち上げておくのです。これじゃあBさんは、単なる**美人局**《つつもたせ》ですよね。（笑）

そして格さん、じゃなかった、Bさんが、印籠《いんろう》を見せながら「え〜い、頭が高い。控えおろう〜！」と叫ぶと、Cさんが、「へへ〜っ」と土下座する。

そこにAさんが水戸黄門のようにファミレスなんかに登場し、成功者ぶって、Cさんにビジネスや商品の説明および勧誘をするという、まるで時代劇のような段取りです。

最近はABCをやるために、ファミレスで長時間居座るメンバーが多く、「ネットワークビジネスの方はお断り」なんて貼《は》り紙が貼ってあったりするくらいです。笑って済まされる問題ではないですよね。

昔はこんな手口でも引っかかったり、我慢してくれるCさんもいたかもしれません。でも、今どき通用する方法ではありません。これでは、Cさんを見下げてバカにした形になりますし、Cさんにしたって、「最初からAさんに説明してほしいなんて頼んでいないし、なんでAさんが偉そうに喋《しゃべ》るんだ」って腹が立つと思います。

ドラマの中の黄門様は、悪代官や悪徳商人（日本橋の桔梗《ききょう》屋）を退治してくれます。しかし、ネットワークビジネスの黄門様（Aさん）は、自分は成功して偉いと、**単に思い上がっているだけ**の人が多いのです。

実は私自身も、お恥ずかしながら思い上がっていた時期がありました。(ポリポリ)ミーティングや、国際コンベンションなんかに行くと、成功者としてチヤホヤされました。ステージの上で表彰され、おまけに講師《スピーカー》として、偉そうに講演までする。「Please take a picture with us!(一緒に写真を撮ってくださ〜い!)」なんて、あちらこちらから頼まれ、まるで人気芸能人のような扱いを受けたものですから、「俺はスゴいんだ」って舞い上がってしまっていたのです。(アホだね〜、俺って)

ところが、そのネットワーク会社が何の予告もなく、ある日突然、計画倒産してしまいました。数千人を超えた私の傘下組織の人たちは、5日ほどで蜘蛛《くも》の子を散らすように去って行きました。

そこで私は、自分の傘下組織の人たちを単なる利害関係だけで扱っていたことに気づき、信頼関係の大切さを思い知らされました。自業自得《じごうじとく》ってやつですね。(涙)

思いっきり上から目線で言いますが、スーパースターの人は、よく覚えておいてくださいね。

確かにあなたは今、大成功者かもしれません。でも、それはネットワークビジネスという、マイナーな業界の中の、さらにたった1つの会社の中だけでのこと。つまり、**とてつもなく狭い世界の中だけ**で、チヤホヤされていることを、肝《きも》に銘《めい》じておいてください。

会社勤めの人でも、部長だろうが専務だろうがその肩書きがなくなったときに、「普通の人」になってしまうのです。

ネットワークビジネスでも、人間関係を大切にし、信頼関係を築いておけば、**トップ**（上位資格者）という肩書きが突然なくなっても、それほど困ることはありません。私の推奨するマーケティングは、まず信頼関係の構築から始めるものなのです。（当たり前ですよね）

私がABCをもうやらない理由の1つが、先の母子の面接です。つまり、Cさんにとっては、Bさんは自分の面接試験にお母さん（Aさん）を連れて来た、情けないグレッグ君のように映ります。また、思い上がった水戸黄門のように偉そうにノコノコと出てくるAさんも、みっともないだけです。

プロポーズのときに、男性のお母さんが付いて来て、相手の女性に「私の息子はハンサムなうえ、素晴らしい人間で、結婚できるあなたは幸せよ！」なんて言ったら、相手の女性は逃げていきますよね。（笑）

しかも、このAさんが「スゴいビジネスチャンスだ！」「世界一の製品だ」「誰でも簡単にできる」「簡単に儲かる」なんて「**とんでもトーク**」（とんでもないトーク）なんかをするもんですから、Bさんの信用まで一緒にズタズタになり、下落するわけです。

「罠その3」でも申し上げた通り、**ネットワークビジネスは模倣《コピー》のビジネス**です。Aさんや Bさんがやっていることを見て、Cさんが「私もAさんのようになりたい」とか「Bさんのような情けない美人局になりたい」なんて思うわけがありませんよね。

Aさんは必ずしもアップラインメンバーとは限りません。

例えば、会社の経営陣や業績なんかをAさんの代わりにすることもあります。

「経営者は、以前にも他のネットワーク会社でスゴい業績を挙げた人だ！」

「スゴい勢いで伸びている会社で、売上の業界記録を更新した唯一の会社だ！」

「無借金経営だ！」

「全米で大ブーム！」（多様な人種や価値観のアメリカで、国全体の大ブームなんてものは、ありません）

「今世紀最後のビジネスチャンス！」（〝今世紀最後〟って……今世紀は始まったところだぜ）

さて、いよいよここで皆さんにプレゼントを差し上げることにします！（約束ですからね）

もったいつけるわけじゃないんですが、そのプレゼントとは、とっても便利な道具《ツール》です。持ち運びも簡単で、いつでもどこでも使えます。

その便利なツールとは、もし、あなたが**うつぼアプローチ**をされたり、**とんでもトーク**

をされたときに、ほとんど万能的に使えるものです。

それでは、差し上げます！

「それがどうしたっていうんだよ！」

女性用も、ご用意いたしました。

「それがどうしたっていうのよ！」

実用例を、紹介しますね。

「アップライン（Aさん）がスゴい成功者だから、きっと君も成功できるよ」

「それがどうしたっていうんだよ！」

「経営者は、以前にも他のネットワーク会社でスゴい業績を挙げた人だ！」

「それがどうしたっていうのよ！」

「スゴい勢いで伸びている会社で、売上の業界記録を更新した唯一の会社だ！」

「それがどうしたっていうんだよ！」

「今世紀最後のビジネスチャンス！」

「それがどうしたっていうのよ！」

どうですか？　便利な道具《ツール》でしょう？

ネットワーク会社の業績や経営陣の手腕、成功しているメンバーが存在することは確かに重要なことです。

しかし、それと、見込み客やメンバーがビジネスで成功できることとは、**あまり関係のないこと**なのです。

さあ皆さん、どんどこのツールを使ってくださいね。


「自己責任」の責任所在は、説明を受けた側ではなく、「自己責任」という言葉を先に言い出したアップにある。アップはダウンの「自己責任に基づいた行動」に対し、責任を持たなければならない。

中澤哲也（美春タクシー代表取締役）

罠その5 とにかく商品がスゴい！

実は私もかなり昔に、「商品がスゴい！」と勢いで言ったことがあります。言った後ですぐに、「あ〜っ！　アホなことを言うてしもた」と後悔したものの、もう言っちゃった後ですから、どうにもなりません。本当に、口は災《わざわ》いの元ですね。

「どうして『商品がスゴい！』と言うことがアホなことなのか」ですって？　それは、この章の後半で説明しますから、ちょっとだけ待ってくださいね。

さて、メンバーの中には、**「株式を公開**（上場）**しているから、会社は信用できる」**と自慢する人も多くいます。

確かに株式公開をするには、厳しい上場審査をクリアしたのだから、信用できる会社だと思われがちです。株式を公開する目的は、株式市場から直接金融によって機動的に事業資金を調達することです。銀行などの金融機関から融資を受けるよりも、素早く事業資金を調達できるメリットがあるわけです。

私は、アメリカで10年以上投資に関わっているのに、ネットワーク会社の株を直接購入したことは1度もありません。株価がほとんど上がることのない（利ざやのない）ネットワーク会社の株は、私にとって魅力がない投資対象だからです。

私の個人的な意見としましては、キャッシュフローが豊潤なはずのネットワーク会社には、直接金融で事業資金を調達する必要がないのではないかと思います。

私がアメリカのネットワーク会社の副社長をしていたときも、会社の株はすべて経営陣で保有して株式非公開会社《プライベートカンパニー》にしていました。事実、株式市場から資金を調達する必要もありませんでしたし、株式を公開すれば株主価値向上のために短期的な経営戦略に陥ってしまったり、敵対的買収の危機に晒されるデメリットもあるわけですからね。

株式を公開しているネットワーク会社の多くは、メンバーが勧誘活動をしやすいように、**会社の信用度を高めるため**のようです。私はそれ自体を悪いことだとは思いません。ただ、会社が自社株の価値が将来上がるようなことを吹聴して、ボーナスの一部、もしくはインセンティヴの1つとして、メンバーに公開前の会社の株を売ったり、配布したりするのは反対です。もっと悪質なのが、「優先株」として、ある程度の売上基準を満たしたメンバーに、大量の株を買う**権利**を与えるという会社です。

これによって、多くのメンバー（特にリーダー）が、優先株購入権の維持のため大量の買い込みをしたり、傘下組織のメンバーに買い込みを強要したりします。

しかも、株の購入優先権のような投機性の強いものを、ネットワークビジネスに絡めるのは、ネットワークビジネス自体を投機的なものに走らせてしまう危険を大いに含んでいます。なかには、「上場したら、1株が20倍以上に跳ね上がる！」なんて、とんでもないことを本気で信じている〝脳内お花畑状態〟のメンバーも多くいます。

お願いですから、ちょっとお茶でもすすって一服して、冷静になって、よ〜〜く考えてみてください。

ご存じの人も多いと思いますが、株価とは、基本的に「需要と供給」のバランスで変動します。つまり、株価が上昇するということは、その会社の株を買いたい投資家が大勢いるということです。

また逆に、もうこの会社の株は要《い》らないから売りたいという投資家が大勢いると、その株価は下がります。

ベンチャー企業の優先株を持っているオーナーや経営陣、もしくは投資家が、会社が上場した途端に「買い」注文が殺到し、株価が跳ね上がり、一瞬にして大富豪になったりします。

ですが、これとて、その会社が画期的な最先端のテクノロジーなどを開発したという「**とてつもなく大きな需要を望める商品や技術を、独占的に所有している**」ことが、絶対条件です。

例えば、近年、リンゴのマークをロゴにしているコンピューター会社の株価が上昇しています。この会社が新商品を発売するたびに、ショップの前には商品を買い求める人たちで前夜から行列ができるほどです。

それは、この会社がとてつもなく大きな需要を望める人気商品、つまり、「スゴい商品」と技術を独占的に所有していて、この会社の将来性を見越して、「株を買いたい」（需要）という投資家が多いからです。

私の知る限り、「とてつもなく大きな需要を望めるスゴい商品を、独占的に所有している」ネットワーク会社は、1社もありません。これからも登場することはないと思います。

（思い切って断言しちゃいますね）

もし、「とてつもなく大きな需要を望める商品を、独占的に所有している」のであれば、販売員《メンバー》を介さず、そのまま販売したほうがガッポリと儲かるという**矛盾**が生じてしまうからです。この矛盾があるのに、「大きな需要を望めるスゴい商品！」と言うのは、「**アホなこと**」なのです。

「商品が素晴らしい」とか「特許を取得している」ということが、嘘《うそ》だと言っているのではありません。「商品が**どんどん売れる**ほどスゴい！」なんていう、**とんでもトーク**をすることがネットワークビジネスだと思っていることに問題があると思うのです。

確かにユニークな商品で伸びたネットワーク会社も稀《まれ》にあります。しかし、その商品がいかにユニークであったとしても、小売りとして製品をただ店頭に陳列していただけだったら、それほど売れることはないでしょう。

なぜかって？

いくら店頭に綺麗《きれい》に陳列しても、多額の投資をして宣伝をしても、商品情報が簡単には消費者に伝わらないからです。

だからネットワーク会社は、商品説明をしながら売る、販売員《メンバー》を通す、リスクの低い方法で製品を流通させるわけです。

そもそも、ネットワークビジネスにおける**マーケティング**を理解していれば、「勝手に売れるほどスゴい商品！」なんて、アホなことは言う必要がまったくないのです。

さあ皆さん、私が「罠その4」で差し上げたプレゼント（ツール）をさっそく使うチャンスがやって来ましたよ！

「今までにない最高の商品です」

「それがどうしたっていうんだよ！」

「他社とは比べものにならないくらい、こちらの商品の方が良い」

「それがどうしたっていうのよ！」

「皆、この商品に飛びつく」

「そんなわきゃねぇ～だろ！　アホタレ！」

どうです？　使えるでしょう。

どんな商品でも、それを取り扱うものが、自分でも買いたいと思わないような商品は落第である。

川上嘉市（ヤマハ元会長）

罠その6

業績を伸ばしている会社だから安心

うーん、確かにスゴく業績を伸ばしていて、無借金経営なのは、良いことです。

しかし、いくら業績が伸びている会社でも、無借金経営の会社でも、「安心」とは言い切れません。会社の借入金と、**メンバーが傘下組織を構築できるかできないかとは、ほとんど関係のないことです。**

他にも、ムーディーズやスタンダードアンドプアーズなどの格付けを元に、会社の安定性を強調するメンバーが多くいます。ある程度の判断材料にはなるかもしれません。でも、格付けとて、**そのまま会社の将来の安定性や優秀性に結び付けるには無理がある**のではないでしょうか？

私は、ネットワーク会社は、経営側からすると比較的安全な商売だと思っています。理由は、業績がグングン伸びているとか、無借金経営だからではありません。ネットワーク会社が、基本的には先行投資のリスクが低いうえに「**現金商売**」だからです。

私が言う「安全な商売」とは、安定した会社という意味ではありません。それでは、なぜネットワーク会社が比較的に安全な商売かを説明します。

さて、膨大な費用がかかるコマーシャルとは、消費者に商品を購入してもらうためのものですから、単に商品情報が伝わっただけでは、何の意味もありません。コマーシャルによって消費者に伝えられた商品情報を元に、消費者が**実際に購入**してくれて、はじめて先行投資（膨大な宣伝費）の見返りがあるわけです。

コマーシャルが大ヒットして、商品が大量に売れ、収益がコマーシャルの費用を上回れば、「先行投資は成功した」ということになります。その逆に、コマーシャルによって売れた商品の収益が、コマーシャルの費用を下回れば、先行投資は失敗したことになります。会社を経営する側にしてみれば、もちろん宣伝《コマーシャル》が成功することを望みますが、失敗することのほうが多いのが現実なのです。

資本金も少なく、ブランド力もない新しい会社が、宣伝という膨大な先行投資のリスクを回避するのに適した方法の1つが、ネットワークビジネス形態です。

さて、もう1つは現金商売です。

ビジネスの経験のある人ならご存じだと思いますが、難しいのは商品を売ることだけではなくて、その**売った商品の代金を回収すること**です。

会社は、製品を卸元や小売り側に先に納め、その納めた製品の代金は手形などで支払われます。その手形（受取手形）を現金化できるのは翌月だったり、3ヶ月先だったり、手形に指定されている期日になるのが一般的です。

手形を介さない後日現金振り込みなどの場合も、代金は基本的には売掛金扱いとなります。

受取手形にしても口座振込にしても、代金を受け取る側は、基本的には指定期日まで待たなくてはならないのです。

会社というものは、製品を販売した収益（収入）の一部を次の生産分の費用（原料購入費など）に廻《まわ》して生産を続けるわけです。言うまでもなく、人件費なども収益から支払われます。

運転資金に余裕のある会社なら、今月納めた製品の代金回収が3ヶ月先でも生産を続けることができるかもしれません。でも、運転資金に余裕のない会社にとっては、納めた製品の代金回収の有無は、即、死活問題に繋《つな》がります。

皆さんも「自転車操業」という言葉を耳にしたことがあると思います。

これは運転資金に余裕のない会社が、回収した代金を即運転資金に廻さないと、社員に給与が支払えなかったり、原材料の購入ができず生産ラインがストップしてしまったりするギリギリの状態のことです。ですから、受け取った手形が不渡りになり、代金回収ができなくなって倒産に追い込まれる会社があるのです。

えっ？　「お前の説明はよく分からない」ですって？

それじゃあ、もう少し身近な例で説明しますね。

例えば、あなたには普段から行きつけの飲み屋があるとしましょう。（おいおい、いきなりそういう方向かよ）

毎晩のようにその店に酒を飲みに行くあなたは、その都度《つど》お勘定を払うのではなく、給料日の後日に一括して支払うことにしてもらいます。俗に言う「**ツケ**」ってやつです。つまり、あなたは、お酒という商品をお店から先に受け取り、信用（後日支払う）という手形をお店に渡します。

お店側からすれば、あなたが給料日の後日に払うと約束した代金は、売掛金《リスク》となります。どこのお店にもいる、「山ちゃん」と呼ばれる常連客や、他にも常連さんが大勢いますから、あなた以外の人たちも、この「ツケ・システム」を利用している人が何人かいるものです。

ところが、そのツケをした人たちが、給料を別の用途に使っちゃったり、他の支払いに廻したりして、ツケをしたお店に支払いができなくなった（手形の不渡り）とします。そうすると、見込んでいた収益が入らなくなり（焦げ付き）、このお店はお客さんに売るお酒を卸屋さんから買う資金や家賃などが不足して、経営難に陥ってしまうか、倒産（閉店）してしまうのです。

だから、ツケを溜めている常連客（私のことじゃないですよ）の給料日に、派手なお化粧をしたお店の人や、パンチパーマの怖いお兄さんが、職場まで集金に来たりすることがあるのです。皆さん、飲み屋のツケは、ちゃ〜んと期日に払いましょうね！

「どうして飲み屋のツケがネットワーク会社に関係があるのか？」って。

ネットワーク会社には、基本的に売掛金のリスクがないことを言いたかったのです。

確かに会社はメンバーに製品を卸値で卸します。ただ一部の例外を除いて、それは必ず現金と引き替えになります。つまり、メンバーが自己消費目的や小売り目的でネットワーク会社から製品を仕入れるときに、銀行振込やクレジットカードで、**支払いを同時に済ませる**システムなのです。

私は以前、アメリカのネットワーク会社の副社長をしていましたのでよく分かるのですが、受取手形が不渡りになったり、売掛金の支払いが滞ったり焦《こ》げ付いたりする心配のない商売、つまり現金商売がいかに楽かってことです。

しかも、ネットワーク会社からメンバーに支払われる報酬《コミッション》は、売上月の翌月払いが一般的です。つまり、収益（収入）は即現金、支払いは来月ってなるわけです。なかにはコミッションを週払いする会社もあります。これとて、メンバーが製品を購入する時点で支払いを済ませますから、これも即現金収入で、金曜日に締めて翌週払いとなります。

経営する側からすれば、これほど楽チンな資金繰りはありません。しかも業績が伸びているネットワーク会社であれば、潤沢なキャッシュフローがあるはずです。

もうお気づきになった人もおられると思います。**リスクを負っているのは、メンバーのほうなのです。**

私はよく「会社は大丈夫なんでしょうね？」と、尋ねられることがあります。「『大丈夫です』という保証はできませんよ。それよりも、リスクを負うのはメンバーのほうなのですから、**Are YOU prepared to take this risk？**（あなたは大丈夫ですか？）」と、逆に尋ね返しています。

ネットワーク会社は、研究開発《リサーチ&デベロップメント》（R&D）に膨大な資金を投資することは稀ですし、売掛金もほとんどなくスムーズなキャッシュフローがあるわけですから、基本的には借入れ（借金）をする必要がないのです。それでも、ある日突然倒産するネットワーク会社は多くあるんですよね～。

確かに、業績が伸びていて無借金経営は良いことです。だからといって、会社の将来性や安定性が保証されるわけではありません。

もう1つ頻繁に使われるのが、ネットワーク会社の権利収入《コミッションボーナス》の**最高支払い率の自慢**です。

「うちのネットワーク会社は業界最高の支払い率！」
「最高支払い率は他社よりも高い！」

ここでボーナスプランの仕組みや種類などを取り上げますと、コンプレッションやブレーケージ（スリーピングマージン）といった話にまで及びます。膨大な資料と解説になってしまい、ワープロを打つ私の手首が腱鞘炎《けんしょうえん》になってしまいますので、ここでの説明は簡潔にさせていただきます。勘弁してくださいね。

「ボーナス還元率」とは、ネットワーク会社の採用している「ボーナスプランの支払い率」のことです。そして、**最高支払い率**（英語でマキシマム・ペイアウト）とは、その最高のパーセンテージ（％）のことです。

ネットワークビジネスでは、各メンバーの業績（売上）に基づいて、権利収入《コミッションボーナス》が段階的な率（%）でメンバーに支払われます。

各メンバーの傘下組織の売上によって、ピンレベルと呼ばれる収入資格レベルが設定されています。大きな傘下組織を築いて、大きな業績（売上）を上げることによって、支払い率も上がっていき、膨大な権利収入へと繋がるのです。

つまり、最高支払い率とは、メンバーが登録しているネットワーク会社で、最高位のピンレベルに達したメンバー（スーパースター）が得る、権利収入の最高率（%）のことです。ですから、この**最高支払い率が高ければ高いほど、魅力的な権利収入プラン**ということにもなります。

なかには、70%や80%という最高支払い率を提示するネットワーク会社もあります。私が以前ネットワーク会社の副社長をしていた経験からすると、60%前後が現実的な数字だと思います。

製品の生産コストや、ボーナスプランの中に組み込まれているブレークージ、最高支払い率の到達率などで、**表面上の最高支払い率の数字は操作できます**。ところが、実質70%や80%の支払い率なんて、会社の経営を逼迫《ひっぱく》させるかなり厳しい数字だと思います。

確かに、メンバーにとっては、この最高支払い率が高いことに越したことはありません。

しかし、最高位のピンレベルに達して、この最高支払い率の権利収入を得ているメンバー（スーパースター）は、全体の0・003％（最高支払い率の到達率）程度です。

ですから、**最高支払い率の自慢なんてアホらしいこと**なのです。

それでは皆さん、前の章で私が差し上げたツールを、もう1度使ってみましょう。

「うちのネットワーク会社の最高支払い率は業界最高！」

「**それがどうしたっていうのよ！**」

われわれの最大の競争相手は同業他社ではなく

めまぐるしく変わる顧客のニーズです。

鈴木敏文（セブン－イレブン・ジャパン創設者）

罠その7

あなたの組織を自動構築。ノルマがない

これ以外にも、「**私たち**（会社もしくはトップメンバーたち）**が、あなたの組織を構築してあげます**」「**あなたは、ただ、登録するだけで権利収入《コミッションボーナス》がガッポガッポと入ってくる**」といった誘い文句もあります。

張り倒したろか！　と言いたくなりますよね。

よくもまあ、こんなふざけたことを平然と言えるもんです！

ところが、こんな言葉に釣られてしまう人も多くいるんです。

実は私もその1人でして、いや、1人だった（過去形）のです。

そりゃあ私だって人間ですから、できることなら労せずにガッポリと儲《もう》けたいと思いますよ。けれど、現実はそんなに甘くないんですよね〜。そのことをコロッと忘れてしまっ

たのです。(汗)

前の章でも述べた通り、ネットワークビジネスは模倣のビジネスです。つまり、「**何の努力もしないでガッポリ儲けたい」と思っている私**(こらこら)が、これまた同じように、「何の努力もしないでガッポリ儲けたい」という人をリクルートする。その人がまた同じように「何の努力もしないでガッポリ儲けたい」という人をリクルートする。そして、**負の連鎖**を繰り返し、数千人にも及ぶ大きな**何もしない組織**が出来上がったのです。

数千人の人たちが単に登録しただけで、製品を購入することもなく、ただ、じ〜っと何もしないのです。**最悪**なのは、傘下組織の下のほうから順番に「いったい、いつになったら権利収入が入るんだよ！」って突き上げが来ちゃうことなんです。

ネットワークビジネスのユニークな点の1つは、メンバーが製品の小売販売員であり、また同時にその製品を購入して使う顧客でもあるのです。

ネットワークビジネスは、っていうか、ビジネスとはすべて価値のある商品やサービスが売れて成り立つのです。

実は、ネットワークビジネスでの売上の中で、メンバーの小売販売の占める割合は非常に低いのです。大多数のメンバーは、**自己消費目的**で、製品を卸価格で購入しているのが一般的です。それが、**組織売上**となるのです。**ネットワークビジネスにとって重要なのは、単に傘下組織の人数**（頭数）**ではありません。製品を購入しているメンバーが何人、傘下組織にいるかが重要です。**

ですから、製品を購入しない組織というのは、組織が存在しないのと同じことなのです。しかも、この購入は1回きりではなく、**継続的な購入**でないと、アップラインは継続的な権利収入を得られないのです。

最近では、ネットワーク会社やそのメンバーの多くが、「**ノルマがない**」と、宣伝しています。これは基本的には「大量に仕入れ（買い込んで）、販売するノルマがない」という意味合いで、別の形でノルマはちゃ～んとあります。

大多数のネットワーク会社は、メンバーが権利収入を得るための条件を設定しています。その条件は各社のボーナスプランやポリシーによって多少異なり、メンバーが規定の権利収入を得るために、毎月一定量の製品購入が条件となっているのが一般的です。

たとえ個人購入条件を満たしていたとしても、傘下組織の購入（組織売上）が規定通りに達していなければ、権利収入を得られなかったり、削減されることが一般的なネットワークビジネスの報酬体系です。売上に沿った報酬体系ですから、これ自体は悪いことではありません。

つまり、ネットワークビジネスには、単なる製品を卸値で購入して愛用する消費者として、傘下組織を築いて権利収入を得るというビジネスとして参加する2通りがあるのです。

単に製品を卸値で購入する消費者として参加していた人が、傘下組織を築いてビジネスとして携わるケースもあります。また、ビジネスとして参加していた人が、単に製品を卸値で購入する消費者になるケースもあります。

ビジネス目的（権利収入を得る目的）の場合は、先にも述べましたように、毎月一定量の製品購入が条件となっているのが一般的になっていますから、毎月一定量の製品購入代金が権利収入を下回れば、メンバーは**赤字決算**となるわけです。よって、私は、権利収入を得る条件としての毎月一定量の商品購入や、前記の売上条件は、「**ノルマ**」だと捉《とら》えています。

そこで、多くのスポンサーやアップラインは、新しいメンバーが、少しでも早く毎月一定量の製品購入代金（支出）を上回る権利収入や、小売収入が得られるように躍起《やっき》になるのです。

なぜかって？

権利収入とは

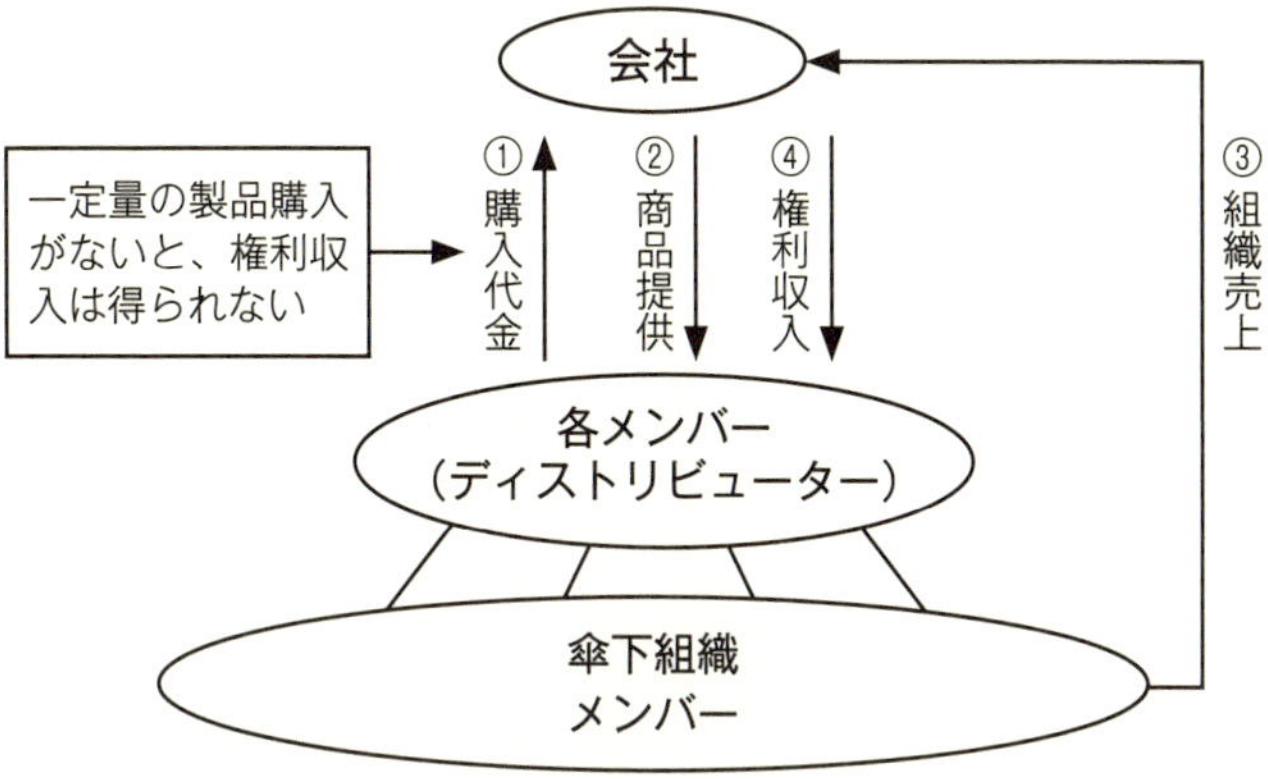

それは、赤字決算が続けば、メンバーは辞めてしまうからです。（そりゃそうだろ〜）

製品の愛用者として残ってくれれば、まだ良いほうです。大多数は完全に辞めてしまい、愛用者として残る人がわずかなのが、この業界の実態です。

継続的な権利収入とは、自分の傘下組織の人たちが、継続的に製品を購入することによって、可能となるのです。

ですから、一昔前までは、毎月の売上締め日近くになると、アップラインが傘下組織の人たちに電話をかけたりして、無理やりに購入を促し、社会問題になったりしたのです。（たぶん今でも自分の傘下組織の人たちにプレッシャーかけてる、アホな奴がいるんだろうなあ〜……）

なかには毎月一定量の製品購入を権利収入の取

得条件にしていない会社もありますし、ボーナスプランの中に、早く毎月一定量の製品購入代金（支出）を上回る権利収入や小売収入が得られるようなインセンティヴを取り入れている会社もあります。

ところで、1990年代中ごろからアメリカで導入が始まり、日本に進出したアメリカのネットワーク会社が日本に持ち込んだシステムに、**オートシップ**（自動購入発送システム）と呼ばれるものがあります。オートシップが導入される以前は、各メンバーが毎月ネットワーク会社に条件を満たす量の製品の注文をしていたのです。この毎月一定量の製品購入と発送を自動化したのが、オートシップなのです。

オートシップを利用すると、メンバーは、毎月ネットワーク会社に連絡して注文を入れる必要がなく、毎月決まった日に、商品が自動的に購入（メンバーのクレジットカード決済もしくは口座引落し）されて、送られてくるのです。

オートシップには、基本的に4つのメリットがあります。

①製品の買い忘れによる、コミッションボーナスの取得逃しを防ぐ。②アップラインが傘下組織の人たちに連絡して、無理やりに購入を促したりしない。③アップラインは毎月の組織の売上予測が立てやすい。④ネットワーク会社の受注発送業務が軽減される。

先にも言いましたが、私の個人的な意見としましては、**オートシップであろうがなかろ**

うが、毎月一定量の製品購入や売上を権利収入の取得条件にする以上、それはノルマになると思っています。

私は別に、ノルマ自体が悪いと言っているのではありません。毎月一定量の製品購入を権利収入の取得条件にしているのに、「**ノルマがない**」と言うことによって、勧誘相手《プロスペクト》に対して**間違った認識**を持たせてしまうことが、悪いと思っているのです。

ちなみに、私は、自分の傘下組織の新しいメンバーに、無理にオートシップを始めるようには促しません。これには賛否両論あり、どちらの意見にも一理あると思います。

新しいメンバーが製品をとても気に入っていて、すぐに購入を始めたいと思っているのであれば、それは各メンバーの自由ですから、もちろんオートシップを勧めます。

他人に製品を勧める立場のメンバーが、自分が契約しているネットワーク会社の製品を愛用することは当然だとも思っています。製品が好きでない人には、そのネットワーク会社のメンバーとしてビジネス活動をすることを勧めません。（自分が好きでもない製品を勧めるなんて、矛盾しているでしょ）

だから、私が言う「**すぐにオートシップを、始めるようには促しません**」という意味は、初期段階では、「**必要なときに、必要な分だけの商品を購入すればいい**」ということです。

オートシップを始めると、若干製品の手持ち（在庫）があっても、自動購入された製品が月々送られてきます。資金的に余裕がないメンバーがオートシップを始めると、その支出がプレッシャーになり**「早くコミッション収入を得ないといけない」**と思い、焦《あせ》ってビジネスをしてしまいます。

確かにこのプレッシャーを土台に、頑張る人もいます。ただ、大多数の人は焦りが出ます。皆さんもご存じのように、焦って物事をやって、上手くいくことはまずありません。なかにはメンバーになって、翌月からオートシップの購入費以上の権利収入を得る人もいます。でも、これは稀なケースであって、大多数のメンバーは数ヶ月から1年以上を要するんです。

私がやっている**マーケティング**〈本書の〈解決策〉編で紹介〉は、ある程度の時間と些少《さしょう》の資金を必要とします。ですから、まだ権利収入のほとんどない新しいメンバーが、貴重なビジネス資金をオートシップによる製品購入に廻すのではなく、必要なときに必要な分だけ購入し、マーケティングに資金を廻せるよう、自分のキャッシュフローをコントロールできるようにしてあげたいのです。そうすれば、焦る必要もなく、腰を据《す》えてネットワークビジネスに取り組めるからです。

もちろん、私の傘下組織のメンバーに、無理をしてでもすぐにオートシップをさせれば、私の組織の売上向上になり、私のコミッションボーナス収入も増えます。しかし、それではあまりにも不誠実で、短絡的なビジネス展望と言えるでしょう。

さて、「アップが大成功者だから、スゴいサポートをしてもらえて君もきっと成功できる！」なんて言って、誘うメンバーも多くいます。このときの対応は、皆さんもうご存じですよね？　先に差し上げたツールを使ってくださいね。

確かに大きな傘下組織を築いて成功し、莫大な収入を得ている人も多くいます。しかし、ネットワークビジネスに参入する大多数の人たちは、その大成功しているアップのコピーをするのは、かなり難しいのです。

私の言うことが嘘だと思うのでしたら、その成功者に「実際にどのようにして組織を作ったのか？」と尋ねてみれば分かりますよ。まず、本当のことは言ってくれないと思います。

先の「罠その4」の章でも言った通り、ネットワークビジネスでは一般的に、アップラインのサポートとは、「Aさん役をすること」とされています。しかし、今どきこのABCが、いかにアホらしいかを説明しましたよね。

ここで、アップラインのサポートとは、前記のようなことだと本気で思っているアップラインの人にお願い申し上げます。

あなたのダウン（傘下組織の人たち）が本当に望んでいることは、本書で紹介されているような**〝9の罠《落とし穴》〟を使うことなく、ビジネスを築く方法**を教えてほしいのです。

つまり、〝9の罠《落とし穴》〟のような手法を使うことなく、ビジネスを築く方法を、教えてあげることが、真のアップのサポートなのです！　とんでもトークを並べる、水戸黄門ＡＢＣの、アホなＡさん役じゃあないんです。


さて、皆さんもお聞きになったことや、言われたことがあるかもしれませんが、「**今の仕事を辞めて、ネットワークビジネスに集中すれば早く成功できる**」と、無責任なことを勧めるアップも多くいます。事実、私の以前のアップも、私に同じことを言いました。

こういうことを言って、傘下組織のメンバーにプレッシャーをかけるアップラインを見かけると「**どついたろか！**」と、言いたくなります。

そもそも、ネットワークビジネスが他のビジネスと比べて有利な点の1つが、本業を辞めなくても「**サイドビジネス**」として始められ、そのままコツコツと続けられるということです。

会社勤めや自営業を営みながらネットワークビジネスを始めるメンバーが、本業であるお勤めや自営業を辞めた途端、収入も止まるわけです。本業を辞めたからといって、その日から請求書が来なくなるわけではありませんよね。（請求書が来なくなればいいなぁ〜）

光熱費、食費、携帯電話代、学費、交通費、ローン、飲み屋のツケといった支払いはあるわけです。本業を辞めるように勧めたアップラインが、収入を保証してくれるわけではありませんから、「早く稼がないといけない」とプレッシャーを感じて、焦ってビジネスをしてしまうのです。

すでに**蓄積**のある人なら、本業を辞めても傘下組織を比較的早く築き、権利収入が本業の収入に追いつくかもしれません。しかし、大多数の新しいメンバーには、本業をそのまま続けながら、長期展望に立ってネットワークビジネス（サイドビジネス）を築けばよいのではないでしょうか。

私自身も、ビジネスコンサルティングや講師、投資、通訳、執筆といった本業の傍ら、国際的なネットワークビジネスを築きました。お陰さまで、ネットワークビジネスからの収入もあるものの、本業は続けています。

それは、ネットワークビジネスからの収入が、いつ突然なくなるか分からない、不安定なものだからです。会社が突然倒産してしまったり、傘下組織が崩壊してしまうということもあります。なかでも最大の理由は、メンバーの立場が非常に弱いからです。

私は今まで多くの仲間たちが、ある日突然会社からメンバー権を剝奪《はくだつ》されてきたのを何度も見てきました。つまり、**メンバー権**（収入源）**の「生殺与奪《せいさつよだつ》の権」は、完全に会社側にある**ということです。（怖い～）

ですから、どうしても本業を辞めたいのであれば、ネットワークビジネスからの収入で、本業の年収の4年分くらいの貯金ができてから、本業を辞めるかどうかを考えたほうが良いでしょう。

焦ることは何の役にも立たない。
後悔はなおさら役に立たない。
焦りはあやまちを増し、
後悔は新しい後悔をつくる。

ゲーテ

罠その8

早く参加したほうが有利だ

投資（投機）の世界では、「**安く買って、高く売る**」が常識です。そうでなかったら投資とは言えません。

私は投資関係にも携わっていて、投資は複雑な部分が多い業務ですが、基本的にはROI（Return on investment、いかに安く買って、いかに高く売るか）が腕の見せ所です。

将来、いったい何に投資したら確実に儲かるかが映し出される〝魔法の水晶玉〟を持っていない私は、さまざまな情報を収集し、研究して、将来値段の上がりそうな対象に投資をするわけです。（ハズれることの方が多いんですが……）

自分の投資対象（株式や物件）自体の値段を自分で上げることなどできません（できたらいいなぁ）から、値段や価値の上がりそうな投資対象を、他の投資家よりも早く購入し、後から投資する人たちによって投資対象の値段が上がったところで、売却した差益（利ざや）を得るわけです。

ＦＸ（Foreign Exchange）にしたって、外国為替レートの変動を利用して、通貨を「安く買って、高く売る」（差益）投機ですよね。

つまり、

「安く買う」＝「他の投資家よりも早く参加する」

「高く売る」＝「後から参加した投資家のお金（差益）で儲ける」

ってことです。

ですから、投資（投機）に関しては、「早く参加した方が有利」という言葉が、ある意味では、当てはまります。

デリバティブ（先物取引）にしたって基本的には……っと、話が横道に逸《そ》れて行っても、誰も戻してくれませんから、自分で本題にとっとと戻りますね。

さて、「早く参加したほうが有利だ」という言葉は、〝9の罠《落とし穴》〟の中で、私の一番嫌いな罠です。

それは、**ネットワークビジネスを、いかにも儲かる投資（投機）のように**、見込み客《プロスペクト》の気持ちを煽《あお》る言葉だからです。

確かに、早く参加（始める）することによる、有利なこともあるでしょう。事実、スーパースターの多くは、初期段階で参加していることが多いのです。

ネットワークビジネスとは、基本的に製品やビジネス情報を人づて（口コミ）で広げて傘下組織を作っていくわけですから、未開発のマーケット（商品やビジネスについてまだ知らない人たち）の大きい初期段階に参加した方が有利だと、多くの人たちが信じているのです。特に、商品が先端技術系のような、将来性だけを重視した、「ヴィジョン系」と呼ばれるネットワークビジネスに、この傾向は強いようです。

この〝**早い者勝ち**〟という心理につけ込んで、「**新しいネットワーク会社で、始まったばかりの今がチャンス！**」と言うのです。

「早く参加したほうが有利（成功する）」って言葉の裏を返せば、「遅くから参加したら不利（成功できない）」ってことでしょ？　それじゃあ、いったいいつまでが「早く参加した」ことになり、いつからが「遅く参加した」ことになるという**定義**があるのでしょうか？

早く参加したというのは、最初の1ヶ月以内ですか？　それとも3年以内ですか？

遅く参加したというのは、2ヶ月後からですか？　それとも10年後からのことですか？

定義などない、まったく無責任であやふやな表現です。

しかも、この宣伝文句には、**矛盾**が含まれています。

ネットワークビジネスとは模倣《コピー》のビジネスです。

「早く参加したほうが有利だ」という言葉に釣られて、初期段階で参加した（ビジネスを始めた）メンバーが、また同じように「早く参加した方が有利だ」という言葉で、新しいメンバーを勧誘《リクルート》するわけです。その新しいメンバーも「早く参加したほうが有利だ」という言葉で勧誘する、負の模倣ってやつです。

しかし、ある時点でもう「早い時期」ではなくなるわけですよね。

例えば、ネットワークビジネスでは、一般的に10年以上も前に創業したネットワーク会社を「新しい会社」とは呼びませんし、「早い時期」と言うのにも、かなり無理があると思います。ですから、会社創業10年後に参加した新しいメンバーが、「早く参加したほうが有利だ」なんて言って勧誘しても、「**お前、何アホなこと言うてんねん！**」って一蹴《いっしゅう》されるだけです。

ネットワークビジネスの基礎である模倣が、行き詰まってしまう矛盾が生じるのです。

それを承知で「早く始めたほうが有利だ」なんてアホなことを言うのは、明らかに不誠実ですし、非理論的です。

「早く始めたほうが有利だ」なんて言っても、ビジネスを築くわけですから、**早く始めようが遅く始めようが、成功できない人はできませんし、成功できる人はできるのです。**

成功できる人とできない人の違いは、始めた時期ではなく、**重要なファクター**とそれに関わる**蓄積の有無**です。重要なファクターを理解し、蓄積があれば、ネットワークビジネスを始める時期はさほど関係がありません。つまり、**重要なファクターを理解した人**は、蓄積を築き、成功する確率が高いと言えるでしょう。

それじゃあ、蓄積のない人は、どうすればよいのでしょう？　本書〈解決策〉編で紹介する**マーケティング**によって、蓄積を創《つく》ればよいのです。

人生は、他人を負かそうなんて
ケチくさい卑小なものじゃない。

岡本太郎（世界的な芸術家）

罠その9
成功できると信じれば、きっと成功できる

この「成功すると本当に信じれば、成功できる」っていうのは、ちょっと厄介なんですよね。なぜかって？

それは、「成功すると本当に信じれば、成功できる」っていうのが、まんざら嘘ではないからです。

手前味噌《みそ》で恐縮ですが、私自身も「必ず自分の夢を叶《かな》える」と信じた結果、こうしてアメリカへ移住することができましたし、その後もいろいろな夢を叶えてきました。もちろん、私1人の力ではなく、多くの人たちに支えていただいたお陰です。

ネットワークビジネスと、私のコンサルタントとしての経験を合わせて執筆したビジネス書"Time Isn't Money"が出版され、全米および日本を含めた世界数ヶ国で販売されて

いますが、それも叶った夢の1つです。（ちゃっかり自己宣伝）

今も、次なる夢に向かって進んでいるまっ最中です。

しかし、この「成功すると本当に信じれば、成功できる」という言葉には、**「成功するという信念に基づき、試行錯誤を繰り返しながらも諦《あきら》めずに頑張れば、報われる」**という意味が込められていると、私は勝手に解釈しています。試行錯誤するということは、目標に到達する方法を追求し続けるということです。

私から申し上げるまでもなく、皆さんすでにご承知ですね。

間違った方法を1000回繰り返しても、1000回とも結果は失敗に終わるだけです。いくら一生懸命に努力しても、方法が間違っていれば良い結果は得られません。

例えば、トーマス・エジソンが電球を発明できたのは、電球のフィラメントとして最も適した素材を発見するまで、試行錯誤を重ねたからです。いくらトーマス・エジソンが「俺は電球を発明する」と信じていても、**間違った同じ素材**を使い続けて1000回実験していたら、1000回とも失敗に終わってしまい、彼は電球を完成できなかったことでしょう。

つまり、**「成功すると本当に信じる」だけでは、成功できない**のです。

ところで皆さん、朝、太陽はどちらの空から昇りますか？

「そんなくだらねぇ質問をするんじゃねーよ！」（怒）ですって？　まあまあ、そんなに怒んないで、本編最後の章ですから、付き合ってください。

もちろん、太陽は**東の空**（東の地平線）から昇ります。

例えば、アリスが「**日の出**を見よう」と思ったとします。

そこで彼女は早起きをして、まだ暗い早朝から**西**に向かって走り出しました。（おいおい）

アリスは日の出を拝むために、一生懸命に西に向かって走り続けました。でも、結局、日の出を見ることができませんでした。そして彼女は考えます。「きっと、走るスピードが遅すぎたんだわ！」（そう考えるか！）

翌朝、西に向かって猛然と走り続けました。それでも、この日も日の出を見ることができませんでした。そして考えつきます。「自転車を使えばいいわ」

翌朝、西に向かって自転車で走り続けました。また、この日も、日の出を見ることができませんでした。そして考えます。「よし！　今度は自動車を運転して行こう」（もう好きにして～）

翌朝、西に向かって自動車で走り続けても、この日も日の出を見ることができませんでした。来る日も来る日も、アリスはあの手この手で、一生懸命に西に向かいます。しかし、ど～しても日の出を見ることができません。

ついに疲れ果てたアリスは、アップラインのジャックに相談します。

「もう、日の出を見るのを諦めようと思うんです……」

するとジャックは応えます。

「君はやる気がないだけなんだよ」（どっかで聞いたことのあるセリフだな～）

「とにかく西に向かって走り続けていれば、いつか日の出が見られるよ！」

ジャックの言葉を翻訳すると、「とにかく〝9の罠《落とし穴》〟を知らずに頑張っていれば、そのうちに成功できるよ！」です。

アップの戯言《ざれごと》を信じている限り、アリスは同じ過ちを繰り返す羽目になるのです。

間違った方法を1000回やっても、頑張って10年続けても、良い結果は出ないのです。

それじゃあ、どうしてアップラインのジャックは「とにかく我慢して西に向かって走り続けていれば、そのうちに日の出が見られる」なんてホラを吹いたのでしょうか？

それには2つの理由があります。

1つ目の理由は、ジャックのような無能なアップラインが、権利収入《コミッションボーナス》を**継続的に得るため**には、アリスのような自分の傘下組織の人たちが、アップの言う通りにしていれば成功すると信じて活動（継続的な製品の購入も含む）を続けてくれなければなりません。

2つ目の理由は、アップラインの多くは、本書で紹介したような罠《落とし穴》を使って傘下組織を作ったため、本当の組織の作り方を知りません。

つまり、ネットワークビジネスとは、**マーケティング**のビジネスであるということを知りませんから、教えることもできないのです。けれど、これではいつか傘下組織は行き詰まってしまいますよね。ですから、無能なアップラインは、いろいろな**罠《落とし穴》を仕掛け続けなければならない**のです。

それでも、いつかは傘下組織が行き詰まってしまいます。そうすると、ジャックのような**無能なアップライン**は、「早く参加した方が有利だ」という罠を本気で信じていますから、また別の新しいネットワーク会社に移って行き同じ罠《落とし穴》を繰り返すのです。

こういう人たちを、業界用語で**ジャンキー**と呼びます。(専門用語まであんのかよ)

皆さん、ちょっと考えてみてください。

ジャンキーという業界用語が存在するということは、ネットワークビジネス業界には、長年〝9の罠《落とし穴》〟のようなことが横行しているということですよね。ですから、**罠《落とし穴》の横行を止めない限り、ネットワークビジネス業界とメンバーは、同じ過ちを繰り返し続けることになるのです。**

それでは、いったいぜんたい、どうやったらこの罠《落とし穴》の横行を止めることができるので

“うつぼアプローチ”は、全然楽しくありませんでした

しょうか？

うつぼアプローチを止《や》め、**マーケティング**を始めることです。

今現在、**うつぼアプローチ**をしている、または、そうするようにアップラインから指導されているメンバーの人たちに、お尋ねさせていただきます。

やっていて楽しいですか？

私は、全然楽しくありませんでした。それどころか、とても苦痛でした。友達に電話しても、「もしもし、俺。マイクだよ」と言った途端に「**ガチャン！**」と電話を切られるようになってしまいました。ショッピングモールなんかで出会っても、無視されました。

ところが、ある人物に偶然出会い、**ファクター**と**マーケティング**について教わったことがキッカケで、私のネットワークビジネスは大きく変わりました。
アップラインが指導するアホな〝罠《落とし穴》〟を無視して、**ファクター**と**マーケティング**に専念し始めた途端、私の傘下組織がグングン大きくなっていきました。「毎日見込み客を追いかけ廻して、半年間に、1人スポンサーが出来るか出来ないか」の悲惨な状態が一変しました。
もし、あなたが、ネットワークビジネスをやっていても全然楽しくない。私がネットワークビジネスで苦しんだ悩みと同じような悩みを抱えている。そして、**解決策**を探しておられるのであれば、この先の〈解決策〉編に読み進んでくださいね。

人生がわかるのは、逆境のときよ。

ココ・シャネル（シャネル創設者）

解決策編

さて、皆さんご存じのように、世間ではアンチと呼ばれるネットワークビジネス（連鎖販売取引、マルチレベルマーケティング）に反対される人も多くいます。私自身、ネットワークビジネスに携わる者として批判されるのは辛《つら》いことです。しかし、〈うっかりハマっちゃう罠〉編を読んでいただいたらお分かりいただけるように、批判されても当然でしょう。

なかには誹謗《ひぼう》中傷もあります。でも、大多数の批判は建設的なものです。ネットワークビジネス業界が本当に産業として発展しようというのであれば、私も含めてネットワーク会社や各メンバーが批判を厳粛に受けとめ、批判される原因について考え、改善する努力をする必要があります。

ただし、単に非を指摘したり批判するだけでは不公平なので、同時に**解決策**を提案してこそ、「**批判**」が「**前向きな価値あるもの**」となるのだと、私は考えています。つまり、**批判と解決策の提案はワンセット**であるべきだと思います。

ここから始まる後編は、前編の〈うっかりハマっちゃう罠〉編を「批判」（問題提起）とした場合に対する、**解決策**の提案です。

つまり、お子様ランチの「ミニハンバーグとプリン」がそうであるように、「ビールと枝豆」がそうであるように、〈うっかりハマっちゃう罠〉編と〈解決策〉編で**ワンセット**

になっているのです。

あなたが、私が味わった苦労（苦悩）と同じような苦労をされているメンバーの人でしたら、〈うっかりハマっちゃう罠〉編に、共感していただけたことでしょう。

決してあなたにやる気がなかったわけでも、能力がなかったわけでもありません！

何とか壁を乗り越えようと、ものスゴい向上心で解決策を模索しているあなたには、すでにリーダーとしての資質（脂質じゃあないですよ！）が備わっています。そんなあなたに、最大の**敬意**と**賛辞**を贈らせていただきます。

本編が、あなたのリーダーとしての資質を開花させるキッカケになれば良いと願っています。

それでは、いよいよ解決策の提示に進みます！

多くの人が答えのみを求める生活をしている。
だからこそ、自分で考える癖を付けて、最善解にたどり着く執念と勇気を持つ人間が強くなるんだ。

大前研一（経営コンサルタント）

PART1 人狩りの時代は終わった

ホモ・サピエンス――人間は感情の生き物

学校でちゃんと先生の話を聞いていた人は知っておられると思います。**ホモ・サピエンス**とは、生物学上、私たち「人間」を指します。

ところで、ホモ・サピエンスって、「知恵のある人」という意味らしいんです。そういう意味となると、私みたいに「**悪**知恵のある人」は生物学上どう呼ばれるのでしょうか。(汗)

「ホモ・サピエンスとマーケティングに、いったい何の関係があるんだよ」ですって?

それじゃあ、これからちゃ〜んと説明しますね。

「人間の脳は、『**右脳**』が直感、ひらめき、感情、芸術性、創造性を担当し、『**左脳**』が言語認識、理論的思考を担当する」と、一般的に言われているのは皆さんもご存じでしょう。

(「オレは左利きだから、左右反対だ」なんて、小学生みたいな突っ込みはしないでくださいね)

そして、「**人間は感情の生き物**」ともよく言われます。

人間とは右脳、つまり「**感情によって思考や行動が支配されることが頻繁にある**」ということです。

もちろん私は心理学の専門家ではありませんが、私たち人間は、意識的にしろ無意識にしろ、「**感情によって行動を左右されている**」と言っても過言ではないでしょう。

なかには、「いや、私はいつも理論的に行動している」と強情に仰《おっしゃ》る人もいると思います。しかし、私を含め、大多数の人は感情が行動を左右しています。

それでは、身近な**買い物**を例にとって説明しますね。

私たちが何かを購入する際には、基本的に次の2つの面から判断を下します。
1．理論
2．感情
「理論」とは、値段、機能、必要性、付加価値。

「感情」とは、デザインが気に入った、他人に見せびらかしたい（こらこら！）、友達が持っているから欲しいという欲望。

例えば、松本さんには、ず〜っと以前からテレビの宣伝で見て、欲しいと思っている高級車があるとしましょう。松本さんの希望する値段よりかなり高く、自分のへそくりと、

奥さんのへそくり（どうして知っているんだ？）を合わせて頭金にしてローンを組むと、何とか買えそうなのです。しかし、松本さんは迷います。

無理をしてでも欲しい車を買うべきか、それとも子どもの学費として貯金をしておくべきか……。

そこで、松本さんは「別に買うわけじゃないし、見に行くだけだから」と思い、日曜日にディーラーに、お目当ての車を見に行くことにしました。念のためにと、自分のへそくりと、奥さんに内緒で奥さんのへそくりもちゃっかりと持って行きます。（こりゃ後で血の雨が降るぞ～）

松本さんがディーラーで、黒い輝きを放つ高級車を見ていると、セールスマンがゆっくりと近づいて来て、「さすが、お目が高いですね」「ご購入を検討されているんですか？」と笑顔で話しかけます。

「いっ、いやー、今日は見に来ただけだよ」と、少し焦って答える松本さん。

するとそのセールスマンが、「それでしたら、こちらの車も是非ご覧になっていってください」と言って、松本さんが欲しいと思っていた車種よりも、若干グレードの高い車に案内します。

「この車は人気車種のうえ、限定生産ですから、私どもでは5台を確保するのが精いっぱ

いだったんですよ」

「すでに今朝から2台売れてしまい、完売後は、次にいつ入荷できるかが分からない状態なのです」

「やっぱり、この車は人気が高いんだな〜」と納得する松本さん。

「どうぞゆっくりと、ご覧になっていってください」と言い残して、セールスマンは別の客の応対に向かいます。

　松本さんは、その車を舐《な》めるように（ばっちぃなぁ〜）、隅《すみ》から隅までチェックします。確かに、ものすごく魅力を感じさせる車です。ドアを開けて、運転席に座ってみます。高級感溢れるインテリア、革シートの香りも心地いい。

　ハンドルを握り悠然と運転している自分と、車窓の外の人たちの羨望《せんぼう》の眼差《まなざ》しを想像します。

「どうせ買うんだったら、こっちがいいな」と、欲しくてたまらなくなってしまいました。

（あ〜、右脳が支配しちゃってるよ〜……）

しかし、高額な値段、そして何よりも激怒する奥さんの顔を思い出し、「はぁ〜、やっぱりダメだぁ」と、ため息をつきながら車から降り、もう一度その車をシゲシゲと眺めます。

すると、背後霊のように、いつの間にか松本さんの後ろに静かに立っていたセールスマンが、「どうです？　気に入っていただけましたか？」と声を掛けてきます。

びっくりして振り向く松本さんに向かって「やはりこの限定車は、エグゼクティブクラスの方に大へん人気がございます。実は今もご商談がまとまりそうなお客様がおられまして、そうなると、もう2台しか残っていないことになってしまいます」と、冷酷に告げました。（分かっていても、この「限定」「右脳攻撃！」の一言に弱いんですよね〜）

「そうだよなぁ、俺も部長に昇進したんだから、そろそろそれなりの高級車に乗らないと周囲に示しがつかないよなぁ〜」なんて、訳の分からない理屈（左脳）で、セールスマンに同意する松本さん。「しかし、値段がね〜」と、悲しくつぶやきました。

「そうですね、確かにお値段はこちらのグレードの方が若干お高くなります。ただし、ローンを組まれる場合ですと、お客様が先に見ておられたグレードよりも月々わずか4000円ほど高くなるだけです。しかも、次にお買い換えになる際に、下取り価格はこちらの方が断然良くなりますから、最終的には**お得ですよ**」と、理論的なアドバイス（左脳攻撃！）をするセールスマン。

「部長さんのような社会的地位のある方には、やはりこちらのグレードの高いエグゼクティブクラスが、断然お似合いです」と、松本さんの自尊心（感情）をくすぐることも忘れません。

とうとう松本さんは、〝エグゼクティブクラスの車〟という言葉に舞い上がってしまい（単純だね〜）、それからは、何だか夢を見ているような時間が過ぎました。

気がついたときには「ありがとうございました！　それでは、明後日に納車のご連絡をさせていただきます」と、深々とお辞儀をされて、その場を後にしていました。

松本さんは、家路につく途中で「左脳」（さっき使わなかったほうです）を使って考えます。

「確かに高い衝動買いをしたようだけど、そろそろ今の車の買い換え時期に差し掛かっていたところだったから、タイミング的にはちょうど良かった」

「部長に昇進したのだから、世間体《せけんてい》もある」

「限定生産車だから、将来の下取り価格も高く、次に買い換えるときに下取り価格が高くて、お得だ」

松本さんは「きっと妻も理解して、喜んでくれるに違いない」と、自分を必死で（？）説得します。

つまり私たちホモ・サピエンスは、**自分の感情的な行動を、理論**（勝手な理屈）**で肯定**（正当化）**しようとする生き物なのです。**

さて、ここで皆さんに質問です。

松本さんの奥さんは、彼の行動を〝理論的〟と思い、「**あなた、良い買い物をしたわね！**」って、理解を示してくれるでしょうか？

それとも……

「その答えは」って、あえて言うまでもないと思いますが。

「**ビューン！　ガチャーン！**」（お茶碗《ちゃわん》が飛んで来て割れる音）

「**ビューン！　ガチャーン！**」（湯飲みが飛んで来て割れる音）

「**ビューン！　ガッツーン！**」（飛んできた携帯電話が松本さんの頭に当たる音）

どうやら奥さんには、松本さんの「理論」は、ご理解いただけなかったようですね。

（ポリポリ）

さて、もう1つの例を紹介します。

ある日、純子さんに、高等学校の同窓会の招待状が届きました。卒業以来15年以上もの間まったく会っていない友人も多く、とても楽しみです。特に、思いを伝えることができないまま、片思いで終わってしまった、甘酸《あまず》っぱい青春の思い出の相手のYさんも参加するんじゃないかと思うと、胸がキューンとします。（少女マンガの読み過ぎだっつーの！）

専業主婦の純子さんはお勤《つと》めをしていませんので、子どもの入学式や授業参観用に数着の洋服しか持っていません。

「同窓会に着て行く、新しいお洋服が1着欲しいわねぇ～」と思います。

ある日曜日に、純子さんはデパートへと買い物に出かけます。時間をかけていろいろな洋服売り場を見て回っても、どうしても気に入った洋服が見つかりません。純子さんは半《なか》ば諦《あきら》めながらデパートを出て、しばらく街の中を歩いてみることにしました。

専業主婦なので、なかなか自由な時間がない純子さんは、久しぶりのウインドウショッピングを満喫《まんきつ》しています。ふとある店の前を通ったとき、そのお店から伝わってくる雰囲気に「あらっ、良いわね」と、強く惹《ひ》かれるものを感じました。よ～く見ると、そのお店は、テレビでもエレガントな宣伝をしている高級ブランドのお店だったのです。

「高級ブランドのお洋服なんて、とても買えないわ」と思ったものの、せっかくここまで来たのだから、「見るだけでも」と、お店の中へ入っていきました。

そこは、まるで別世界でした。店内は静かで、わずか数点の洋服やアクセサリーが、まるで高級調度品の一部であるかのようにさりげなく展示されています。もちろんお値段も「0」が1つ多い。

雰囲気と値段に圧倒され、「やっぱり、高級すぎるわね」と思い、純子さんがお店の出口に向かったときです。背後からしっかりとした、しかし優しい口調で「お洋服をお求めですか」と声を掛けられました。

振り向くと、そこにはブランドスーツを見事に着こなした、清潔感と知性溢れる雰囲気のイケメン店員が笑顔で立っています。

純子さんは「えっ、えっ」とちょっと驚き、「同窓会に着ていく洋服を探しているんです」と答えました。「でも、お値段がちょっとねぇ」と続けます。

しかし、彼は値段の話なんぞに触れず、「お客様は、どのようなスタイルをお求めでしょうか」と優しい笑顔で尋ねます。

「それが、自分でもよく分からないのよ」と、ため息混じりに答える純子さん。

「同窓会の服装は、これ見よがしにブランドで固めた服装では浮いてしまいます。そうか

といって普段着でというわけにもまいりません。同窓会で見事に着こなせる洋服選びは、結構難しいんですよね」と、イケメン店員が優しい口調で同意します。

「そうなのよ〜、頭が痛いわ」

「それでしたら、お客様のように、お若い雰囲気で、しかもスリム感のある方には、こちらのデザインなどいかがでしょうか」と、純子さんをお店の奥に陳列してある洋服の前に案内します。

純子さんはその洋服を一目見て、気に入りました。しかし、かなりの高額です。

「お値段がちょっとねぇ」と、残念そうに告げます。

「確かに値段は若干お高くなりますが、ブランド物ですから仕立ての良さは抜群です。

デザイン的にも流行に左右されませんから、〝一**生物**〟として長い間着ていただけると思います。お安い洋服を買い換え続けるよりは、最終的には〝**お得**〟なお勘定となりますよ」

「そうよね～、安物を何着も買い換えるよりは、良い物を1着長く着たほうが絶対にお得よね～」と同意する純子さん。（ヤバ～イ、完全に店員のペースにハマってるぞ～）

「しかも、お客様の今のままのヘアスタイルで着こなしていただけるデザインです。同窓会では、さりげなくお洒落《しゃれ》のセンスが光るお客様は、出席された皆さんの羨望の的となることは、間違いありませんよ」（Yさんのことが、純子さんの頭の隅をよぎります）

「Yさん、私に気づいてくれるかな～」と、ルンルン気分で舞い上がってしまった純子さん。（右脳が支配しちゃってる状態）

それからは、何だか夢を見ているような時間が過ぎ、気がついたときには、「ありがとうございました！　またのお越しをお待ちしております」と、深々とお辞儀をして見送られていました。

純子さんは、家路に就《つ》く途中で、さっき使わなかった「左脳」を使って考えます。

「高価なブランド品だけど、一生物だから」

「安物を何着も買い換えるよりは、長い目で見てこちらのほうがお得」

「今のままのヘアスタイルで着こなせるから、美容院代が浮いてお得」

「子どもの授業参観や学校行事用に、ちょうど新しい洋服が必要だった」

純子さんは「きっと主人も理解して、喜んでくれるに違いない」と自分を説得します。

つまり、私たちホモ・サピエンスは、**自分の感情的な行動を、理論**（勝手な理屈）**で肯定**（正当化）**しようとする生き物なのです。**（これが、「知恵がある」ってこと?）

さて、ここで皆さんに質問です。

純子さんのご主人は、彼女の行動を〝理論的〟だと思い、「**俺の小遣いを減らして洋服代を捻出《ねんしゅつ》するなんて、お前はなんてやりくり上手な良妻賢母なんだ**」と理解を示して、喜んでくれるでしょうか?

それとも……。

ここから先は、皆さんのご想像にお任せします。


それでは私たちホモ・サピエンスは、常に「自分の欲求を満たすために、勝手な理屈を使う生き物なのか」というと、そうでもないのです。

逆に、**自分の欲求を我慢するときにも、理論によって自分の判断を正当化**します。

これも、皆さんが日常的にやっていることです。

例えば、吉田さんが、「お正月は家族で海外で過ごしてみたいなぁ〜」なんて、憧《あこが》れているとしましょう。旅行代理店のパンフレットを集めたり、オンラインで穴場なんかを調べます。貯金と年末のボーナスを足せば、なんとか行ける値段です。

そこで、吉田さんは悩みます。

「確かに、お正月は家族で海外で過ごしてみたいが、ボーナスは使わずに貯金した方が良いのではないか」

さんざん悩んだ挙げ句、結局お正月は自宅で過ごすことにしました。

吉田さんは「左脳」で自分を納得させます。

「これから子どもの塾や家庭教師の費用も増えてくる」

「景気の先行きが不安な状態だから、貯金したほうが良い」

「観光客でごった返す海外より、自宅で静かにお正月を過ごすのが一番だ」

「もし飛行機が落ちたら、死んじゃうじゃないか」

このように逆の場合でも、**自分の感情的な行動を肯定**（正当化）**するために、理論**（理屈）**を使います。**

どうですか？

皆さんにも、同じようなご経験があると思います。

「それじゃあ、ホモ・サピエンスの本能と、ネットワークビジネスといったい何の関係があるんだ?」と疑問を抱いておられる方も多いと思います。
実は大いに関係があるんです。
詳しくは、次の章から段階的に説明していきます。

人間は理性の動物ではない。感情に動かされやすい、生き物である。人を相手にする時は、常にこの心掛けを忘れないことだ。

デール・カーネギー(米国の大実業家)

ショッキングな事実

ところで、私が自分の傘下組織を築く際に使った**マーケティング**は、コンセプトはシンプルなものの、決して簡単にできるわけではありません。

ですから、ここから先は〝ハメを外さず〟、気合いを入れて、**マジ**に「上から目線」でやりますね。（それでも時々ハメを外してしまうかもしれませんが……）

さて、先に、ネットワークビジネスの特徴の1つは「ビジネス経験がなくても、比較的簡単に始められる」（参入障壁が低い）とも言いましたよね。覚えてますか？

ネットワークビジネスが広がり始めた1960年代のアメリカでは、セールスのプロたちがリーダーとして君臨し、業界を牽引《けんいん》しました。今もアメリカや日本のネットワークビジネス業界で実施されている「セールス・トレーニング」は、1960年代のセールスのプロたちが始めたトレーニングが基礎になっています。

このセールスのプロのリーダーたちが、しばらくして壁に突き当たったのです。

その壁とは？

それは、ネットワークビジネスの特徴でもある傘下組織メンバーが、**販売《セールス》の素人《しろうと》で構成されている集団**ということです。にもかかわらず、「セールスにまったくの素人集団」を、どうやってトレーニングするかが分からないまま、プロのセールスを目指す人たちに施すセールス・トレーニングと同じものをそのまま実施したのです。

1960年代のアメリカでは、ネットワークビジネスに参加した素人を「**セールスのプロ**」に育成するため、猛烈なトレーニングをしていました。（闘魂《とうこん》注入ビンタのようなトレーニングです）

そしてそのセールス・トレーニングに生き残ったメンバーたちが、その後1970年代から1980年代にネットワーク会社の経営者や、現場《フィールド》のトップリーダー（スーパースターなど）として暗躍、じゃなくて活躍して、業界に大きな影響をもたらしたのです。

なぜ、それほどの厳しいセールストレーニングが必要なのかって？

それは、〈うっかりハマっちゃう罠〉編でも言った通り、ネットワークビジネスが「セールス」だからです。

つまり、ネットワークビジネスでは、

「あなたの会社の扱っているような製品を、ず〜っと欲しいと思っていたんです！」

「実は、ネットワークビジネスに誘ってもらえるのを、ず〜っと待っていたんです！」

なんてことを言ってくれる、「セールスの必要のない」お客さんなんて、ほとんどいるはずもないのに、素人集団がセールスをしなければならないのです。

ですから、ネットワークビジネスを行うためには、「潜在的な顧客を開拓する」という技術（勧誘の仕方）を学ばなければならないのです。ところが、皆さんもすでにご承知の通り、これがそう簡単に身につく技術ではないのです。

1970年代から1980年代にかけてアメリカでは、旧来の猛烈なセールス・トレーニングやノルマからくる強引な勧誘活動、違法行為がしばしば問題になりました。

そして、セールス・トレーニングに対する嫌悪感がネットワークビジネス参加者の間で増大し、集団訴訟や州政府による行政指導などで、業界に一種の転換期が訪れました。

つまり、新しいトレーニング方法を創り出す必要性に迫られたのです。

しかし、……。

ネットワークビジネスが、模倣《コピー》のビジネスであるがゆえに、「セールスの素人が、素人にセールス・トレーニングをしていく」という「致命傷」が立ちはだかったのです。

えーっ！　致命傷!!!

そうです、ネットワークビジネスの基幹構造である、素人の**模倣**が、「**致命傷**」なのです。（あ〜あ、とうとう本当のこと言っちゃった〜）

実際に私も、過去に数社で傘下組織を作ったとき、「セールスの素人が、素人にセールスを正確にトレーニングしていく」なんて、無茶なことをしていました。英語では「A blind leads a blind.」（盲目者が盲目者を誘導する）と言います。

ですから、1970年代から1980年代のリーダーたちが、なんとかその致命傷を隠して組織を拡大するため、本書の〈うっかりハマっちゃう罠〉編で紹介したような〝罠《落とし穴》〟を、横行させ始めたのです。私はその当時のトレーニングテープ（CDがまだ存在していなかったので、カセットテープです）をいくつか持っています。それは、もう「とんでもトーク」と、「とんでもトレーニング」の見本市のようなものです。

それが、外資系ネットワーク会社の日本進出に伴なって、日本にも輸入されたということです。日本国内のオリジナル「とんでもトーク」や「とんでもセールス・トレーニング」もあるでしょう。しかし、基本的には同じでしょう。

隠れているもので、あらわにならぬものはなく、秘密にされているもので、知られず、また現われないものはありません。

聖書

アップが本当のことを言わない理由

私は今、ネットワークビジネス業界は大きな岐路に立たされていると思っています。

致命傷を隠して組織を拡大するため、〈うっかりハマっちゃう罠〉編で紹介したような〝罠《落とし穴》〟を、20年以上にわたって横行させてきたネットワークビジネス業界。ところが実は、ある技術革命によって、重大な岐路《きろ》に立たされているのです。

皆さんも、1990年代から爆発的に普及したインターネットをご存じでしょう。（今や、インターネットを知らない人を探すほうが難しいかも）

インターネットは多くの産業にさまざまな変革をもたらしました。そして、ネットワークビジネス業界にも、本当に大きな変革をもたらしました。なかでも、業界に与えた最大のインパクトは、「**バッファゾーン**」（緩衝期間）を、ほぼ**抹消《まっしょう》してしまった**ことです。

本書の〈うっかりハマっちゃう罠〉編で紹介したような〝罠《落とし穴》〟を、20年以上にわたって横行させることができたのは、この緩衝期間《バッファゾーン》が存在したのと、インターネットのような高速情報伝達技術が存在しなかったのが大きな要因です。1980年代になっても、ファックスですら、それほど一般家庭には普及していなかったのです。

ちなみに、バッファゾーンとは、新しい頭痛薬の名前じゃあないですから、「頭痛に～バッファゾ～ン♪～♪」なんて、歌わないでくださいね。実は、バッファゾーン自体が、ネットワークビジネスにとって頭痛の種なんです。

さて、**バッファゾーン**とは、アメリカの一部のトップメンバーの間で使われている隠語です。「新しいメンバーがビジネスに参加してから、アップラインに言われる通りに活動している期間」のことです。もっと露骨に言うと、「**アップラインの言う非常識なことが、成功するための方法だと信じて頑張っている期間**」のことです。

私も、はじめてネットワークビジネスに参加した当時、今日のようにインターネットはまだ普及していませんでしたから、しばらくの間バッファゾーンの中にいました。

前の章でも言いましたように、1960年代から1970年代のアメリカのネットワークビジネス業界では、ネットワークビジネスに参加した素人に猛烈なセールス・トレーニングを実施し、その結果、脱落者が続出していました。（そりゃあそうだろ）

そこで1980年代のリーダーたちが、なんとか致命傷を隠して組織を拡大するため、〈うっかりハマっちゃう罠〉編で紹介したような〝罠《落とし穴》〟を、頻繁に使い始めたのです。つまり、メンバーがビジネスに参加してから、バッファゾーンの中にいる間は、アップラインの収入が確保できていたわけです。

ところで話はちょっと変わります。私は、多くのメンバーの人から「トップリーダーが、実際にどうやって組織を作ったかを教えてほしいのに、真相は教えてくれません」という相談を頻繁に受けます。皆さんも薄々気づいておられると思いますが、それでは私が、典型的な例として、〝**種明かし**〟をしますね。

トップリーダー（スパースター）の大多数は、ネットワークビジネスの経験者です。彼らは、最初はもちろん初心者です。前記のようなセールス・トレーニングを受け、断られる苦痛に耐えながら勧誘活動をしていました。その間に、彼らのリーダーや他社のメンバーとの繋がり（コネ）も作れるようになっていきます。

昔から、ネットワークビジネスでは、「ダウンが誘ってきた優秀な人材のみに付いて、しっかりサポートする（親交も深める）のが、傘下組織を作るコツだ」と教えられます。だから、ダウンにコンタクトリストを作らせて、人材発掘をするのです。

どういうことかって？　140頁の図を見てください。

例えば、秋山さんが、大橋さん（自分から1段目）という人をスポンサー（新規登録）したとしましょう。大橋さんは積極的に勧誘するタイプではありません。でも、鈴木さん

（2段目）と、永野さん（2段目）という、2人をスポンサーしました。

この2人も積極的に勧誘するタイプではないものの、鈴木さんが、清水さん（3段目）という積極的に勧誘するタイプの人をエンロールしました。秋山さんは、2段目の鈴木さんや永野さんを飛び越えて、3段目の清水さんのサポートに集中しながら、親交も深めていきます。これを業界用語で「**深掘り**」と言います。

ここで、皆が頻繁に犯す過ちは、あまり勧誘活動に積極的でない大橋さん、鈴木さん、永野さんを、なんとかやる気にさせようと、そちらに無駄な時間と労力と経費を費やしてしまうことです。

そうしているうちに、秋山さんは「新しい会社が出来るから、そちらに乗り移らないか？　今がチャンスだ！」という誘いを受けます。（よくある話ですよね）

「罠その8」で言いましたように、「早く始めたほうが有利」という心理が働いて、秋山さんは「チャンスだ」と思います。そこで秋山さんは、清水さんやほかの深掘りした人材に「新しい会社で、チャンスだから一緒に移らないか?」と誘い、会社を移ります。

その移った会社にはすでにファウンダーたちがいたりして、トップメンバーになれなかった秋山さんは、また新しいネットワーク会社の情報を探し、移ります。

このプロセスを数回繰り返すうちに、秋山さんには〝ネットワーカー（メンバー）仲間〟

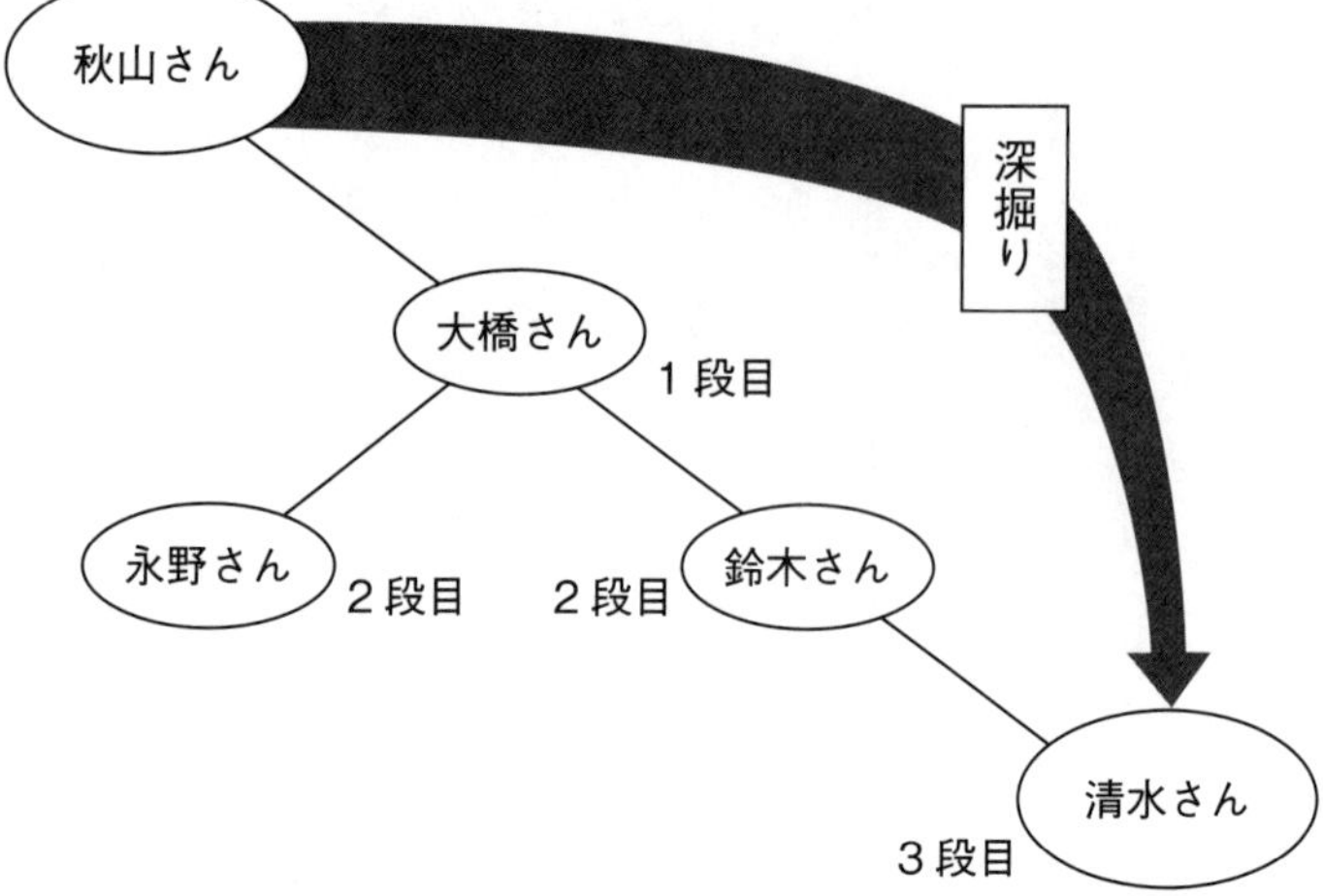

が増えていき、新しいネットワーク会社の情報などが素早く手に入るようになり、どこかの新しい会社のファウンダーメンバーとして始めるチャンスがめぐって来るわけです。

後は、うつぼアプローチをすることもなく、今まで集めてきたネットワーカー仲間たちに「新しい会社だから、チャンスだよ！」と一声掛けるだけで、「早く始めた方が有利」だと思っているネットワーカーたちがホイホイと集まって来て、組織がアッという間に出来ていき、秋山さんはその会社のスーパースターに上り詰めるのです。

ところが、「どうやって、組織を作ったんですか」と尋ねられたスーパースター（秋山さん）は、きっとこう答えるでしょう。

「製品を愛用し、その良さとネットワークビジネスの素晴らしさを、知り合いに口コミで伝え続けただけですよ」「だから、あなたたちも製品を愛用（購入）しながら、ビジネス活動（うつぼ勧誘）を続けることです」

なぜ秋山さんは本当のことを言わないのでしょうか？

それは、先に説明したように、秋山さんのようなトップリーダーにとって、傘下組織の人が少しでも長くバッファゾーンの中にいてくれたほうが、継続的な収入を得られるからです。

どうです？

「**カラクリ**」がお分かりいただけましたか？

これは必ずしも、スーパースターさん全員が、このように組織を作ったという意味ではありません。前にも述べましたように、なかにはまったくネットワークビジネスの経験がないのに、スーパースターに上り詰める人がいるのも事実です。

しかし、そういった人には、ある特徴があります。それについては、もう少し後で説明しますね。

さて、バッファゾーンは所詮《しょせん》一時的なものですから、時間とともに、次から次へと離脱者（バッファゾーンから抜けて行く人）が発生します。ですから、アップラインは継続的な収入を確保しながら人材発掘をするため、次から次へと勧誘《リクルート》したり、ダウンラインに勧誘させたりして、バッファゾーンの中に放り込み続ける「**人狩り**」が横行してきたのです。

たとえ脱落者が出ても、その人たちのコンタクトリストはアップラインの手元に残り、脱落者が勧誘してきた何人かは組織に残っているという寸法です。

またまた余談になりますが、アメリカには、他社からリーダーを組織ごと引きぬくことを本業としている「組織ブローカー」が存在します。私の知人に、ネットワークビジネス専門のヘッドハンターがいます。彼は日本円で数百万円から数千万円規模の移籍金が絡む契約や組織売買を扱っています。

時代も大きく変わりつつあります。インターネットの普及や法の整備とともに、バッファゾーンは段階的に縮小し始め、現在はもうほとんど残っていないと言ってもよいでしょう。

今ではネットワークビジネスを紹介された人は、即座にインターネットでその会社や製品の実情を調べることができます。ネットワークビジネスに関する情報も、インターネット上に豊富に溢れていて、掲示板などでさまざまな議論も閲覧でき、議論に参加したり質問することも簡単にできます。

つまり、ネットワークビジネス業界を取り巻く環境は大きく変わり、手を変え品を変え

ての**人狩りをする時代はもう終わった**のです。（っていうか、今まで人狩りが通用していたこと自体がおかしいですよね）

それと、インターネットが普及する以前は、在宅でできる仕事といえば、「**内職**」がほとんどでした。

ところが、インターネットの普及で、ネットワークビジネス以外にもいろんな在宅ビジネスが出現し、在宅ビジネスの選択肢が爆発的に増え、バッファゾーンの消滅に拍車をかける要因となりました。

つまり、今なら、ネットワークビジネスが上手くいかなければ、さっさと別のネットワークビジネスを試したり、まったく違うビジネスの可能性を追求することも簡単にできるようになったのです。

ところで、〈うっかりハマっちゃう罠〉編でも言いましたように、「**製品を購入しない組織は、組織が存在しないのと同じこと**」です。つまり、傘下組織の価値はその頭数ではなく、**アクティヴ**と呼ばれる、実際に製品を購入してビジネス活動しているメンバーの数が重要になります。これをビジネス用語で、“Retention Rate”（リテンション・レイト）＝保持率と呼びます。

常に新しいメンバーが加わったり辞めたり、他社へ移っていく傘下組織のメンバーがいるのが現実ですから、傘下組織の保持率《リテンション・レイト》が、常に上下するわけです。昔は、いったん大きな組織を作ってしまえば、バッファゾーンのお陰（？）で、10年間くらいは組織が安定していました。

ところが、今はいくら〈うっかりハマっちゃう罠〉編で紹介した手法を駆使して組織を作っても、バッファゾーンが消滅していますから、組織はどんどん崩壊していきます。つまり、保持率が悪化しているのです。

ですから、〝9の罠《落とし穴》〟で紹介したような手法や、バッファゾーンに頼ったネットワークビジネスには、もう限界が差し迫っているのです。もう致命傷を隠しきれなくなってきているのです。（まぁー、今まで何十年もやってこられたこと自体が不思議ですが）

今でも次から次へと新しいネットワーク会社や商品が、雨後の筍《たけのこ》のように湧《わ》き出てきますが、やっていることは旧態依然とした方法（人狩り）が大半です。

ネットワークビジネス業界は、旧態依然としたやり方を続けて敗退するか、改革を推し進めて発展の道を探るか、今、重大な岐路に立たされています。

ちょっと堅い話が続いてしまいましたね。ここから大切な内容に入っていきますから、梅昆布茶でも飲みながら、リラックスして読み進んでくださいね。

それでは、次の章から、私が提案する解決策である**魅了《アトラクティヴ》マーケティング**について、段階的に話を進めていきますね。

何かを変えるためには、既存のモデルを時代遅れにする新しいモデルを打ち立てよ。

リチャード・バックミンスター・フラー（建築家）

PART2 スティーブの教え

月収1000万円の男との出会い

〈うっかりハマっちゃう罠〉編でも言いましたように、私はある悩み事を抱えていました。**旧態依然としたやり方では、何人スポンサー（新規登録）しても、その人たちの大半は途中で辞めてしまうか、ビジネス活動を開始すらしないのです。「いったい何が原因なのか」が、まったく分からなかったのです。**

しばらくして、〈うっかりハマっちゃう罠〉編で紹介した〝罠《落とし穴》〟に気がついたまでは良かったのですが、旧態依然の方法しか知らなかった私は、**「それじゃあ、いったいどうやって傘下組織を作ればいいんだ？」**という、とてつもない難問に直面してしまったのです。（そりゃあ、そうなるわな）

そこで、成功本の数々を読み漁《あさ》り、多くのビジネスセミナーや自己啓発セミナーに参加しました。成功法のテープやCD、DVDを大金はたいて大量に購入して勉強もしたのに、思うような結果はなかなか得られませんでした。

夜もまともに眠れないほど、悶々《もんもん》と悩む日々が続く中、友人の勧めで、カリフォルニア州パームスプリングスにある高級リゾートホテルで開催された、あるビジネスセミナーに参加することにしました。

さて、この3泊4日のセミナーは、特定の分野のものではなく、全米から会社の経営者や管理職200人ほどが参加する勉強会形式のビジネスセミナーです。

食事やホテル代を含まない参加費が6000ドル（約55万円）という、私にとっては高額なものですが、チケットはすぐに完売してしまい、なかなか手に入らないのを友人がコネを使って入手してくれたのです。

私はそのセミナーで、偶然、**「幸運な拾い物」**をしたのです。（落ちてた100ドル札を拾ったわけではありませんからね）

「犬も歩けば、前に進む」じゃなくて、「棒に当たる」ってやつです。実は参加したセミナーそのものよりも、この「拾い物」のほうがとても大きな価値を含んでいました。

セミナー最終日の基調講演を行ったのは、保険のエージェント（代理店）を経営しているスティーブ・ハリソンという名前の50歳半ばのテキサス州出身の大男でした。保険業界以外でもかなり有名らしく、ビジネスセミナーに参加していた多くの人が彼を知っていました。

彼は保険の契約数で何度も全米ナンバーワンに輝いているらしいのです。そして、彼の月収が**12万ドル（約1000万円）だということを、セミナーに参加している人の1人から聞かされました。**

最終日はセミナーが午後3時で終了し、午後5時からディナーの前のカクテルパーティーが催されました。時間通りに会場に入ると、すでに会場のそこかしこでセミナーの参加者たちが歓談していました。なかでも、特に多くの人に囲まれていたのが、スティーブ・ハリソン氏でした。

私は「必殺仕事人」のように、そ〜っと近づいていって、ほんのわずかな隙《すき》を狙《ねら》い、「ミスター・ハリソン！　マイク・カキハラと申します。あなたのビジネスカード（名刺）をいただけませんか」と、奇襲をかけました。

ハリソン氏は驚いたように私を見つめ、「〝ミスター・ハリソン〟は止めてくれ。スティーブと呼んでくれればいいよ」と笑い、名刺を差し出してくれました。

「ありがとうございます」と言って立ち去ろうとすると、スティーブが「おい！　君のビジネスカードも1枚くれよ」と呼び止められました。（言い訳しますと、名刺交換会ではありませんので、私は「私のような成功していない者のビジネスカードなんて要らないだろう」と

思っていたのです）

「これは大へん失礼いたしました」と謝って、スティーブに私のビジネスカードを渡すと、彼はしばらくの間、私のビジネスカードをしげしげと見つめていました。

それから間もなくして、ディナーショーが始まりました。テーブルは指定席ではありませんでしたので、私は「どこに座ろうかな～」なんてキョロキョロしていると、突然大声で「カキハラさん！」と、誰かに呼ばれました。

私以外に日本人が参加していないセミナーで、いきなり日本語で「さん」付けで呼ばれ、驚いてその大声の主を見ると、先のスティーブでした。彼は笑顔で私に手招きしながら"Sit next to me！"（俺の横に座れ！）と言って、同じテーブルに招かれました。

当時の私は、本業のビジネスで大きな実績があったわけでもなく、副業のネットワークビジネスにしても傘下組織すらない状況でしたから、スティーブのような大成功者と同席することに非常に緊張し、コチコチになっていました。（スティーブと、いったいどんな会話をすればよいのか、まったく見当もつかなかったのです）

遠足のバスの中じゃあるまいし、隣のテーブルの人に「ねぇ、席代わってくれる？」とも頼めません。「とにかくショーを観て、さっさと帰ればいいや」と覚悟を決め、私は高価なシャンパンをグビグビ飲み、至福に浸っていました。

すると、スティーブがいきなりが話しかけてきたのです。

スティーブ「マイクは日系アメリカ人なのかい？」（お〜い、いきなり声かけんといて〜な、もうちょいでシャンパンをこぼすとこやがな）

私「いいえ、私は日本生まれの日本育ちです」

スティーブ「そうか！　俺は昔、Osaka（大阪）に3年ほど住んでいたんだよ」

私「それは偶然ですね。僕は両親が関西の出身で、関西にも住んでいたんですよ」

スティーブ「俺は阪神タイガースの大ファンで、1985年に優勝したときに、道頓堀《どうとんぼり》に飛び込んだんだぜ！」（ドブ川に飛び込んだことなんか、自慢したらあかんやろ。ひょっとしてケンタッキーのカーネル・サンダースの人形を道頓堀に投げ込んだのは、あんたとちゃう？）

なるほど、さっきスティーブが私のビジネスカードをしげしげと見ていた理由は、私のKakiharaという苗字《みょうじ》が日本人の苗字だと気がついたからなんです。

スティーブは、成功者にありがちな「俺は大成功者だ」といった横柄《おうへい》な態度など微塵《みじん》もありません。

「人なつっこいおじさん」（虎キチというのはちょっと危ないのですが……）といった雰囲気の人柄に少し安心した私は、スティーブとお互いの家族や趣味、ビジネスの話などなど話し始めました。うちとけてきた私は、思い切って、スティーブに自分の悩みを打ち明けてみることにしました。

「スティーブ、いったいどうしたら、あなたのように大きなビジネスを築くことができるんですか？」

「僕はネットワークビジネスというもので傘下組織を築こうとしているのですが、大半は途中で辞めてしまい、どうしても上手くいきません」

「あなたが成功した秘訣《ひけつ》や方法を、教えてくれませんか？」

スティーブは、「う～ん……」と唸《うな》って天井の1点を見つめ、しばらく間をおいて私の方に向き直りました。

そして、柔らかな笑顔でスティーブが答えたことは、私の想像していたものとはまったく違うものでした。**まったく予想外な答えでした。**

苦悩というものは、前進したいって思いが有って、それを乗り越えられる可能性の有る人にしか訪れない。だから、苦悩とは飛躍なんです。

イチロー（大リーグプロ野球選手）

予想外の答え

私がカリフォルニア州パームスプリングスでのセミナーに参加した際に出会ったスティーブに思い切って私の悩みを打ち明けたとき、スティーブの答えに衝撃を受けました。私はしばらく固まっていました。スティーブが言ったことに驚き、実は少しガッカリもしました。

なぜかって?

それは、「**私が期待していた答え**」とはずいぶん違っていたからです。

しかし、スティーブが「**とても大切なこと**」に気づかせてくれたのです。霧が一瞬にして晴れた気がしました。

もっと早くそのことに気づけなかった自分を悔《く》やみ、また自分の勉強不足を痛感させられた一瞬でした。私にとっては誠に「**幸運な拾い物**」だったのです。

さて、スティーブの答えは、私に対する質問から始まりました。

スティーブ「マイク、私のような保険代理店業にしても、ネットワークビジネスにしても、勧誘をして契約に結び付ける（スポンサリング）のが、仕事の基本だよね」

私「はい、そうです」

スティーブ「だから皆は、『いかに上手く勧誘し、契約に結び付けられるか』という**『方法』**を知りたがる。君も知っているように、ブックストア（書店）へ行けば、ありとあらゆるビジネスに関する『成功法』なる本が、所狭しと並んでいるだろ?」

私「確かに仰る通りです」

スティーブ「しかし、それら『成功法』の本を読んで、成功する人がほとんどいないはなぜだと思う?」

私「分かりません。どうしてですか?」

スティーブ「原因は、基本的に2つある。1つには、人はいろいろな『成功法を習うこと』は好きだが、大多数の人は実行しない。もう1つには、皆が簡単にマネできる『成功法』なんて、もともと存在しないんだ」

スティーブが言った1つ目は納得できました。でも、2つ目の意味がよく理解できませんでした。

そこでスティーブに、「皆が簡単に真似できる『成功法』なんて、もともと存在しないって、いったいどういうことを意味しているのですか？」と尋ねました。
スティーブの話を要約すると次のようになります。

成功者は、ビジネスツールを使いこなす、話術、高価な衣服や装飾品といった、表面的な「コンポーネント」（要素）＝成功法だけを身につけることで、実績を挙げているわけではないんだ。

例えば、デール・カーネギーのように、ビジネスで大成功している人がいるよね。デール・カーネギーは、表面的なコンポーネントよりも、彼の「内面的な要素」（ファクター）で、ビジネスだけではなく、１人の人間としても敬愛され、大成功したと言ってもよいだろう。

しかし、この「内面的な要素」（ファクター）は、誰でも簡単にコピーできるわけではないんだ。だから、いくらデール・カーネギーと同じヘアスタイルをして、同じスーツを着て、同じような話し方といった表面的なことばかりをマネしても、彼と同じように成功することはできないんだよ。

そして、このような内面的な要素（成功の原因）と、「成功法」と呼ばれる表面的にしか現れない要素（成功の結果）を成功の鍵だと混同してしまっている多くの人たちが、ネットワークビジネス業界にも溢れているんじゃないのかい?

確かに、スティーブの言う通りでした。私を含め、多くのメンバーが、必死になって「成功法」なるものを探し求めていたのです。

でも、スティーブの話を聞き終えた私は、正直に言って**落胆**してしまいました。「スティーブから成功法を教えてもらえる」と、かなり期待していたのに、「**そんなもな〜ありゃしません**」と言われたからです。

つまり、「**それじゃあ、いったいどうやって傘下組織を作ればいいいんだ?**」という難問が、まったく解決されなかったのです。(これはちょっとショックでしたね)

「こうなりゃ、ヤケ酒だ!」っと、グラスのシャンパンを一気に飲み干して、スティーブに尋ねました。

私「ということは、ネットワークビジネスでは、成功するためにコピーしていくものがないということですか?」

スティーブ「いいや、そういう意味ではないんだ。例えば、普通の人がタイガー・ウッズのクラブを借りて、いくらスイングを正確にコピーしても、タイガーと同じスコアーは出せないってことなんだ。

多くの人が、私に君と同じ質問をする。つまり、『成功法』を教えてくれとね。**しかし、彼らが本当にコピーしなければならないのは、成功法といった『方法』**（表面的なもの）**ではないんだ**」

私「それじゃあ、いったい何をコピーするんですか？」

スティーブ「う〜ん、そうだなぁ〜……。それじゃあマイク、テキサスの俺の家へ遊びに来ないか。口で説明するよりも、実際に体験すれば、俺の言ったことの意味が分かるよ」

（俺もしつこいな〜）

できないのではない。やり方を知らないだけ。

尾関茂雄（現ECナビ創業者）

テキサスでの体験

スティーブの自宅に招待された私は、帰宅した直後にテキサス行きの航空券を予約し、2週間後に彼に会いに行きました。

彼の家に到着すると、奥さんのメリージーンさんが、「テキサスへようこそ」と、優しい笑顔で出迎えてくれました。メリージーンさんお手製のバーベキューランチをご馳走《ちそう》になり、家の周りに広がるスティーブ夫妻が所有する広大な牧場を眺めていると、スティーブが「マイク、ちょっと出掛けよう」と言って私をジープに乗せ、郊外に向かって車を走らせました。

しばらくして、車の中で彼が「成功者は、1つや2つの秘訣で成功しているわけではないって言ったよね。**しかし、成功者には、ある共通の『特徴』があるんだ。**その特徴を理解した男に会わせてやるよ」と言いました。

私たちの車は、豪邸が建ち並ぶ閑静な住宅街に入り、ある大きな家の門の前で停車しました。スティーブがモニターに向かって「俺だよ」と言うと、目の前の門が自動でゆっくり

と開きました。（まるで、ハリウッドスターの豪邸みたいです）

門から80メートルほど先の豪邸の玄関先に車を止めると、豪邸の中から1人の青年が笑顔で出て来ました。スティーブが「こちらがジェリー君だ」とこの青年を紹介してくれました。

彼は大学を卒業後、製薬会社で、トップレベルの化学者をヘッドハント（他社から優秀な人材を引き抜く）する仕事をしていました。

ところが、その製薬会社が経営難に陥り、倒産してしまったのです。すぐに別の仕事を見つけることができなかった彼は、小さなアパートに移り、とりあえずアルバイトをして生計を立てていました。（フリーターってやつです）

そんなとき、友人からネットワークビジネスを紹介されました。そこから彼の「苦悩の人生」（ちょっと大袈裟《おおげさ》かな）が始まったのです。

いくらアップラインの言う通りに頑張っても、ぜんぜん傘下組織が作れなかったのです。わずかな給料から、広告を出す費用を捻出《ねんしゅつ》したり、顧客名簿を購入したりしながら5年間頑張ってスポンサーしたのは、たったの6人。しかもその6人も1年以内に辞めてしまったそうです。（よくある話だよな～）

とうとう生活費にも困る状態になったジェリー青年は、自分の自動車を売る羽目になってしまったのです。そこで、自動車保険をキャンセルするため、スティーブのオフィスへ行ったとき、スティーブに出会ったというわけです。

スティーブが、「余計なお節介だと思うけど、車がないと不便だろ?」と尋ねました。(公共交通機関が発達していない車社会のアメリカでは、車がないとコンビニにも行けないくらい不便なのです)

そこで、ジェリー青年は自分の状況を説明し、**「あなたが成功した秘訣や方法は何ですか」**と、私とまったく同じ質問をスティーブにしたのです。

スティーブがジェリー青年にどう答えたかは、皆さんもうご存じですよね。

「成功法といった、『特効薬』のような方法なんてないんだ」でした。

ひとつの顔は　神が与えてくださった。
もうひとつの顔は　自分で造るのだ。

シェイクスピア

ある日本人女性から得たヒント

スティーブの答えを聞いたジェリー青年は、ガックリしました。（分かる分かる、その気持ち）

ひどく落胆するジェリー青年の様子を見てスティーブは、独立して保険の代理店を始めたころに苦しんでいた自分のことや、そこからどうやって今の成功を築いたかという話をすることにしました。

保険も競争の激しい業界です。

ましてスティーブのように代理店経験の浅い新参者にとって、生き残るためには必死の毎日が続きました。来る日も来る日も、顧客獲得のために朝早くから晩遅くまで働き（勧誘活動）ました。でも、なかなか顧客を得ることができずに、途方に暮れていたのです。

スティーブには、保険の代理店として独立する前から、家族でよく行くレストランがありました。そのレストランには恵子・キャセルという名前の日本人ウェイトレスが働いていました。彼女はアメリカ人と結婚して、テキサス州に移り住んでいたのです。

アメリカに来たばかりの恵子さんの英語は決して流暢《りゅうちょう》ではありません。ですが、結婚前は日本のホテルで働いていただけあって、礼儀正しく日本的で、とても丁寧な接客でした。

スティーブは昔、会社からの出向で日本支社（大阪）で働いていた経験から、そのレストランへ行くたび、彼女と日本での思い出話をしたいと思っていました。

しかし、日本人特有の礼儀正しさを軽んじられない恵子さんは、「お客様」であるスティーブに対し、なかなか気軽に話をしてくれませんでした。ですから、スティーブは彼女に対して、「**消極的で自分に自信のない人**」という印象を持っていました。

保険の代理店として独立してから忙しい日々に追われ、スティーブはしばらくそのレストランに行っていませんでした。たまたま気分転換にと、家族を連れてそのレストランへ食事に出掛けました。

テーブルに案内され、メニューを見ていると、「ハーイ！　スティーブ！」と大きな声で呼ばれました。聞き覚えのある声のほうに目をやると、恵子さんが笑顔で手を振りながらスティーブ一家のテーブルまで来ました。

「いらっしゃいませ。ハリソンさん。ご注文は何になさいますか」と、静かに尋ねるのが常だった恵子さんが、別人のように変わっていたのです。

彼女の変わりようには、スティーブだけでなく、奥さんのメリージーンも驚きました。
恵子「スティーブさん、久しぶりね。急に来なくなったから、病気でもしたんじゃないかと思って、心配してたのよ」
スティーブ「心配してくれてありがとう。実は保険の代理店として独立したんだ。それで仕事が忙しくなってしまって、なかなか来る機会がなかっただけなんだ」
恵子「あら、そうだったの！　知らなかったわ～。ところで、あなたの代理店は、自動車保険も扱っているの？」
スティーブ「ああ、もちろん扱っているよ」
恵子「私、新しい車を買ったから、あなたのところで保険に入るわね。来週の月曜日がお休みだから、保険の手続きに行ってもいいかしら？」
スティーブ「もちろんだとも。それじゃあ来週の月曜日に、書類の準備をして待っているよ」
ということになりました。

さて、月曜日になり、恵子さんがオフィスへやって来ました。彼女に保険内容の説明をし、必要な書類に署名を終えたところで、スティーブは先日から気になっていたことを、尋ねました。
スティーブ「ケイコ。君は以前と比べて、ずいぶんと変わったね」
恵子さん「あら、そうかしら」
スティーブ「とても明るく、積極的になった気がするんだ。いったい何が、君をそんなに変えたの？」
その問いに、**「実はね、とても面白いことを発見したのよ！」**と、恵子さんが興味深い話をしてくれました。

15人いるウェイトレスたちの中では、確かに恵子さんが1番礼儀正しく、ミスのない、きめの細かいサービスをしていました。ところが、彼女の受け取るチップは、いつもほかのウェイトレスよりも少ないのです。

アメリカのウェイトレスは、チップが収入の80％以上を占めますから、チップが少ないのは死活問題です。自分の仕事（接客）に対する、お客様の評価でもあります。

同じお客さんを受け持っても、恵子さんが受け持ったときは、ほかのウェイトレスが受け持ったときよりも、チップが少ないのです。

「私の英語が流暢じゃあないからかしら？」と最初は思いました。でも、そのレストランには他国から来て恵子さんよりも英語が達者でないウェイトレスが、彼女よりも多くのチップを稼いでいました。

恵子さんは、「どうして私だけ、いつもチップが少ないのだろう」と悩みました。そこで、ウェイトレスたちの中で1番チップを稼ぐジュディの仕事ぶりを、観察することにしました。

ジュディはウェイトレス歴3年。そそっかしく、しょっちゅう注文《オーダー》を間違えます。恵子さんのようにタイミング良くお水やコーヒーを注《そそ》いで回ることもなく、むしろサービスは雑なほうです。

それでも、ジュディは、ウェイトレス歴が遥《はる》かに長いベテランたちより、チップを稼ぐのです。恵子さんは「どうして???」っと、不思議に思いました。

そこで今度は、ジュディが受け持つお客様の様子をじっくり観察することにしました。するると、注文を受けに来たジュディとお客様が、実に楽しそうに喋《しゃべ》っていることに気がついたのです。ジュディも、相手が「お客様」という一線を越えないようにしながら、まるで旧知の友に話しかけるような親しみのこもった感じで話をしています。

日替りの「シェフのお勧め料理」を、「今日、来たあなたたちはラッキーよ。今日のお勧め料理は、ほかの日のお勧め料理より美味《おい》しいのよ」と、材料や調理方法を簡単に説明しながら、自信に満ちた態度で勧めます。

お客様を相手にしているジュディは、あたかも「彼女がウェイトレスの**エキスパート**（リーダー）」でもあるかのように、自信に満ちあふれ、堂々としていました。（恵子さんの目には、そのように映ったのです）

お客様はジュディに自分の好みを伝え、「君なら、このメニューの中から何を勧めてくれるんだい？」と、アドバイスを求めています。

恵子さんやほかのウェイトレスは、お客様に同じような質問をされたとき、「少々お待ちください」と言って、キッチンのシェフに相談に行ったりすることが多々あります。ところが、ジュディはその場で、「それだったら、この魚料理とこの肉料理が良いと思うわ」と、エキスパートのように料理に関する説明をして、お客様に自信を持って勧めます。

料理が遅れたときも、恵子さんは神妙な面持ちで、「料理が遅れて申し訳ありません」と丁寧に謝るのに対し、ジュディは、「料理が遅れてごめんなさい。でも必ず『待った甲斐《かい》があった』と思えるくらい、美味しい料理よ！」と、自信に満ちた笑顔で対応します。

そのうちジュディをしばらく観察していた恵子さんは、あることに気がつきました。

お客様がチップの多少を決める基準は、理屈（理論）ではない。お客様がチップの多寡を決める基準は、ウェイトレスを気に入ったかどうかという「感情」が優先する。

「**お客様は、エキスパートに魅力を感じ、好感を抱き、信頼を寄せる**」

だから、ジュディをエキスパートだと見ているお客様はジュディに惹《ひ》かれ、彼女のサービスが少々雑でもさほど気にならない。それどころか良いサービスを受けたと感じ、ジュディに多額のチップを置いていく。

つまり、お客様もホモ・サピエンス（感情の生き物）だということを発見したのです。

「だから、私もジュディを見習ったの。そうしたらねぇ、不思議なくらいチップがどんどん増えていったのよ！」

「時には、『ケイコにテーブルを受け持ってほしい』って、**お客様のほうからリクエストもあるの**」

「そうして小さな成功を重ねていると、自分でも気がつかないうちに、自信に満ち溢れるようになったの。今では、ジュディよりも私のチップのほうが多いのよ」。恵子さんはそう嬉しそうに言いました。

この瞬間、スティーブは自分の中で、何かが「**パチーン**」と弾《はじ》けた感覚を覚えました。

（〝目から鱗《うろこ》〟ってやつです）

スティーブは、「**これだ！** That's it！」っと叫び、嬉しさのあまり、思わず恵子さんに抱きついてしまいました。（こらこら、どさくさに紛《まぎ》れて何すんねん！）

「どうしたの?!」っと、驚く恵子さんに、

「いや～、ごめん、ごめん。驚かせるつもりじゃなかったんだ。ケイコさん、ありがとう！ 今、君が話してくれたことから、とても大切なヒントを掴んだんだよ！」

スティーブは、満面の笑みでお礼を言いました。

人間は、他人の経験を利用するという特殊な能力をもった動物である。

コリングウッド（イギリス海軍提督）

スティーブを成功に導いた方法

スティーブは恵子さんから得たヒントにより、顧客獲得のために今まで自分がやってきた方法を止めました。莫大《ばくだい》な経費を要するわりに、大した効果が上がらない宣伝広告や、友人、知人、親戚《しんせき》に手当たり次第、「保険に加入しないか」と勧誘をすることを止めたのです。

また、パーティーに行って、出会う招待客に手当たり次第、保険の勧誘をする「**うつぼアプローチ**」も止めました。

そして、スティーブが始めたこととは……。

スティーブは、保険に関する猛勉強を始めました。

＊保険の歴史や仕組み
＊保険業界の動向
＊多種多様な保険商品
＊自己啓発

スティーブは、ある特定の保険会社の代理店です。でも、他社の保険商品に関する情報を集めて、知識も広げました。つまり、まずは「**自己投資**」（自分磨き）に専念したのです。それだけではありません。

保険代理店の会合や、地元のビジネスオーナー交流会などにも積極的に参加し、他業種に携わる人たちとの親睦《しんぼく》も深めました。そういった交流から、自分の知らなかった他業界の事情を学んだり、ホットな情報を手に入れることもできました。一見、保険業界とは関係がないように見える業界にも、潜在的な市場が潜んでいることに気がつきました。

そして、スティーブが次に始めたことが、毎月第2日曜日の午後に、「**正しい保険の選び方**」と題した、無料セミナーを主催することでした。保険の加入を検討している一般の人たちは、保険の専門家ではありません。数多くある複雑な保険の中で、「いったいどの保険が、本当に自分に一番ピッタリなのか」を、正確に知るのは至難の業です。

保険のセールスの人に相談しても、当然ながら、「代理店契約している保険会社の保険」しか勧めません。つまり、自分の保険を売りつける「我田引水」しかしないのです。

スティーブが主催する「正しい保険の選び方、無料セミナー」の**目的**は、保険の加入を検討している人（見込み客）に、**価値ある情報や知識を、提供すること**です。「保険を売りつけること」が目的ではありません。

彼は、セミナーの参加者に、保険業界の動向、仕組み、さまざまな保険に関する説明をし、「正しい保険の選び方」といった、専門的なアドバイスを分かりやすく解説します。セミナー参加者からの質問にも丁寧に答え、セミナーの最後に、内容をまとめた「保険の選び方のコツ」というお手製の無料パンフレットを、「お土産」としてプレゼントしています。

セミナーの参加者は、スティーブを「保険を売りつける人」（**うつぼメンバー**）ではなく、信頼できる「保険のエキスパート」（**リーダー**）として、敬意を持って見ています。

これを専門用語で、「**アトラクティヴ**（魅了する）・**マーケティング**」と呼びます。

競合他社の代理店が、大々的な広告や宣伝で自分の保険商品を必死でマーケティングしているなかで、スティーブは**保険のエキスパート**として、**自分自身をリーダーとしてマーケティング**しているのです。「**蓄積**」を築いているのです。

さて、彼が普段から特に気をつけている、非常に重要なことが1つあります。それは、代理店として自分の扱う保険商品の質の高さに絶大な自信を持っているものの、絶対に**自分の扱う保険商品を売り込まない**ことです。

主催する「正しい保険の選び方」セミナーで、スティーブは自分が代理店契約を結んでいる保険会社の保険のことはいっさい口にしません。保険のエキスパートとして、あくまでも中立な立場を通します。

セミナーの際は、ビジネスカード（名刺）にも、自分が代理店契約を結んでいる保険会社のロゴが入ったものはいっさい使わず、「保険《インシュランス》コンサルタント」という肩書きが入っただけの名刺を使います。

こうして、「**保険のエキスパート**」として信頼されているスティーブのオフィスには、保険に関する相談や契約に多くの人がやって来ます。

そうです。その人たちは、前出の高級車を購入しにディーラーにやって来た松本さんや、同窓会に着て行く洋服を買いに来た純子さんのように、**実際に行動を起こしている**見込み客なのです。

〝**うつぼメンバー**〟のように思い込み客を狙《ねら》い撃ちすることはなく、**見込み客**（保険を求めて、いろいろな情報を集めている人々）**のほうから、スティーブのところに来てくれる**のです。

見込み客が相談に来たからといって、スティーブは自分が代理店契約を結ぶ保険会社の保険を売り込みません。相談者の立場になって、相談者にとって1番ピッタリの保険を推薦します。たとえそれが、競合他社の保険であってもです。

そうなのです。自分が扱っている保険商品が、その相談者にピッタリ合わなければ、

「それじゃあ、あの会社の保険が良いよ」と言って、ビジネス交流会などで知り合った、競合他社の代理店を紹介するのです。

ジェリー青年が不思議そうに、「どうしてあなたは、自分が代理店契約を結んでいる保険会社の保険商品を売り込まないのですか」と尋ねます。

スティーブは、答えました。

「それは、俺が、自分が自分の取り扱っている保険商品を売り込んだ瞬間に、**『保険のエキスパート＝信頼』**から、**『保険を売りつける人＝うつぼメンバー』**に成り下がってしまうからだよ。しかも、せっかく築いた信頼関係を、裏切ってしまう行為でもあるからさ」

勝利は我を思わぬ者に与えられる。

禅

重要なファクターとは

スティーブの話を聞いたジェリー青年は、今まで自分が「**ネットワークビジネスの常識**」として教えられていたこと（**うつぼ**アプローチ）が、いかに非常識で**バカバカしいこと**か気がつきました。そして、「スティーブのやっている**魅了**《アトラクティヴ》**マーケティング**をどうしたらネットワークビジネスにも生かせるか」を考えました。

そこでジェリー青年は、まず人間を大雑把に3つのタイプに分類してみました。

1. **アルファ・タイプ**＝リーダー
2. **準アルファ・タイプ**＝リーダーになりたい願望を持っている人
3. **ベータ・タイプ**＝周りに流されやすいタイプ

次に、ネットワーカーについても、174頁のように3つのタイプに分類しました。

魅了《アトラクティヴ》マーケティングが成功している理由は、スティーブが、思い込み客を追いかけ

ネットワーカーの３タイプ

1. アルファ・タイプのネットワーカー＝ 常にリーダーの意識を持って、行動（生活）している人

2. 準アルファ・タイプのネットワーカー＝ リーダーに成長する過程の人

3. ベータ・タイプのネットワーカー＝うつぼアプローチを繰り返す人

回す**ベータ・タイプ**（うつぼメンバー）から、見込み客を惹き付ける**アルファ・タイプ**（真の**リーダー**）になったからです。

このアルファ・タイプが、重要な要素《ファクター》のことであり、「アルファ・タイプとは、リーダーとしての技能と自信と人格を備えた人のことです」

ジェリー青年は、自分が**ベータ・タイプ**のネットワーカーであることを認識し、**魅了《アトラクティヴ》マーケティングが機能するため、つまり、ネットワークビジネス**（他のビジネスでも）**で成功するためには、自分がまず「アルファ・タイプのネットワーカー**（メンバー）**になる必要がある**」と悟ったのです。

そして「**アルファ・タイプ**のネットワーカー」に成長したジェリー青年は、わずか2年で、彼の携わるネットワーク会社で1番売上の多い組織を築き、スーパースターに登りつめたのです。

それでは、どうして私たち、ネットワークビジネスに携わる者が、**魅了《アトラクティヴ》マーケティング**を実行する必要があるのでしょうか？

リーダーとはレディー（淑女）のようなもの。
もし自分で自分がそうだって言わなくてはならないようならば、
そうじゃないってこと。

マーガレット・サッチャー（英国初の女性首相）

魅了《アトラクティヴ》マーケティング

一般的に、ネットワーク会社はテレビや雑誌などの媒体で宣伝をしません。つまり、ネットワーク会社は、社員でもない、個人事業主であるメンバーのために、膨大な資金を投入（リスクを冒す）して、宣伝《マーケティング》をしないのです。

その代わり、組織売上に応じた報酬《コミッションボーナス》を、資格条件を満たしたメンバーに支払うわけです。

要するに、ネットワーク会社は、各メンバーの持つ人間関係（人脈）を通して、販売をします。

確かに、宣伝に費用を費やす分を、各メンバーへのコミッションボーナスの支払いに回す仕組みになっています。しかし、実に95％以上の人が、ネットワークビジネスでまともな収入を得られないのです。

会社による宣伝というバックアップなしに販売するのは、プロのセールスパーソンでも難しいのに、ネットワークビジネスのようなセールスの素人集団にそれをさせようというのが、だいたい**無茶**なんです。だから、〈うっかりハマっちゃう罠〉編で紹介したような〝**罠**《落とし穴》〟が、横行してしまうわけです。

「それじゃあ、各メンバーが、宣伝をすればいいじゃないか」ということになるのですが、効果的な宣伝をするには、専門知識と経験、それに膨大な資金を必要とします。

ネットワークビジネスの特徴である「低資金や未経験でも始められる」ということと**矛盾**してしまうのです。

しかも、メンバーによる「商標や社名の悪用」を警戒するネットワーク会社が、各メンバーに対し、社名や商品名を使う宣伝に厳しい規制をかけたり、禁止しています。

ということは、メンバーは会社が効果的な宣伝《マーケティング》をしてくれないうえに、個人事業主という立場であっても、自由に商品を宣伝することもできない状態なのです。

「**それじゃあ、いったい何をマーケティングすればいいんだよ？**」ってことになるわけです。

答えは、スティーブのように、まず誠意を持って「自分自身」をマーケティングするのです。つまり、**魅了**《アトラクティヴ》**マーケティング**とは、「**アルファ・タイプ**」で、**見込み客を惹き付**

けることなのです。

ただし、「自分自身をマーケティングする」ということは、「自分を売り込むこと」とはまったく違います。その点を誤解しないでください。

魅了《アトラクティヴ》マーケティングの基盤は、自分が**アルファ・タイプ**の人間であることです。つまり、「自分自身をマーケティングする」とは、**「リーダーとしての資質を表現する」**ということです。

それじゃあ、どうしてあなたが、人を惹きつける**アルファ・タイプ**の人間にならなければならないのか?

あなたが勧誘する人の、ネットワークビジネスに参加するかどうかを判断する最大の理由が、「あなた」に魅力を感じるかどうかだからです。

会社の業績、社長の経歴、会社の格付け、製品の優秀性だけが、参加する本当の理由ではありません。それらは、自分の感情的な行動を、肯定（正当化）するための、理論（理屈）でしかないのです。最終的な意思決定は、「**感情**」で行われるのです。

つまり、ホモ・サピエンス（見込み客）は、**アルファ・タイプのあなた**に惹かれて、製品を購入したり、ビジネスに参加するのです。逆を言えば、**アルファ・タイプ**ではないネットワーカー（**ベータ・タイプ**）には、これからの時代は、しっかりとした組織は作れないということです。

〈うっかりハマっちゃう罠〉編で登場した、ＤＶＤを無理やり渡されたウェイターの言葉を覚えていますか？

「もちろんビジネスで成功したいという夢はありますが、正直言ってあの方とは絶対に関わり合いたくはないですね」

ネットワークビジネスは、ホモ・サピエンス（生身の人間）が相手のビジネスです。その相手のホモ・サピエンスが、「主に感情で意思決定をする生き物」だということを、お忘れなく。

スティーブの発言「普通の人が、タイガー・ウッズのクラブを借りて、いくらスイングを正確にコピーしても、タイガーと同じスコアーは出せないってことなんだ」の通りです。メンバーが、表面的な成功法を使っても、成果が出ないのに対して、「どうしたら、本当に消費者の皆さんに喜んでいただけ、罠を使わなくても組織を構築できるのか？」ということを目指して努力を重ねる過程が、**魅了《アトラクティヴ》マーケティング**なのです。

さて、本書前編で、「**早く始めようが、遅く始めようが、成功できない人はできませんし、成功できる人はできる**」って言いましたよね。

早く始めようが、遅く始めようが、成功できない人（ベータ・タイプ）**はできませんし、**

成功できる人（アルファ・タイプ／準アルファ・タイプ）**はできる。**

という意味です。

ですから、ビジネスに興味を示した人には、最初に「アルファ・タイプになる決意があるかないか」を、確認する必要があるのです。アルファ・タイプになる決意のない人に時間を費やすのは、お互いに時間とお金の無駄になるからです。

ご存じのように、ネットワークビジネスは時給制でも月給制でもありませんから、常に「効率」を徹底的に意識する必要があります。

ところで、「私たちのグループは、『やる気のある人だけ』しか受け付けません！」と言っておきながら、「メンバーとして登録します」って言った途端、どんな相手だろうとホイホイと登録させるグループがよくあります。（おいおい「やる気のある人だけ」って言ってたのは、どうなったんだよ！）

つまり、こういったグループの「やる気のある人」というのは、「アルファ・タイプになる決意がある人」という意味ではなく、「メンバーとして製品を買い、〝うつぼアプローチ〟を喜んでする人《カモ》」という意味ですから、皆さん気をつけてください。

さて、「リーダーは、生まれつきのものだ」と言う人も多くいます。でも、私はリーダーシップ力とは、持って生まれた才能ではないと思います。

確かに、生まれつきリーダー的な性格の傾向性が強い人もいます。しかし、本来、リーダー（アルファ・タイプ）になるかならないかは、各自が決めることだと思うのです。つまり、あなたが「**選択**」するものなのです。

前出の恵子さんを覚えていますか？

恵子さんのチップがいつも少なかったのは、彼女がアルファ・タイプのウェイトレスではなかったからです。つまり、お客様を惹き付ける、「**内なる魅力**」がなかったのです。

そこで、彼女は、アルファ・タイプのウェイトレスになる決心（選択）をしたのです。

人生とは、何を成し遂げたかではなく、
何を乗り越えたかだ。

タイガー・ウッズ

ベータ・タイプとアルファ・タイプはここが違う！

理屈っぽい話が長く続き、飽きてしまいましたね。スミマセン。

それでは、ちょっとペースを変えて、ベータ・タイプとアルファ・タイプの違いの例を、いくつか紹介します。184頁から189頁を見てください。万事、発想や行動が異なるのは面白いですね。

これらは、私のオリジナルが大半ですが、中谷彰宏《なかたにあきひろ》氏のご著書『人生を愉《たの》しむ50のヒント』『人間関係に強くなる50のヒント』（ともに三笠書房）も、参考にさせていただきました。この2冊は、私のお薦めです。

どうですか？ 皆さんの身の回りにも、ベータ・タイプとアルファ・タイプの方がたくさんいるでしょう？

ただし、これは、100%アルファ・タイプの人、100%ベータ・タイプの人がいるという意味ではありません。私たちホモ・サピエンスは、アルファとベータの両方を持ち合わせているのです。

ですから、**アルファ・タイプ**とは、ベータの部分よりもアルファの部分が遥かに多いという意味に過ぎません。（80％アルファ、20％準ベータ）

ベータ・タイプとは、アルファの部分よりもベータの部分が遥かに多いという意味です。（15％準アルファ、85％ベータ）

100％**アルファ・タイプ**なんて人はかえって気持ち悪いですし、100％**ベータ・タイプ**なんて人はいないでしょう。（う〜ん、いてほしくないなぁ〜）

つまり、「**アルファ・タイプのネットワーカー**」（真のリーダー）になれば、「あなた」（アルファ・タイプ）に惹かれて、見込み客のほうからアプローチしてくれるのです。

〝**うつぼメンバー**〟のように、思い込み客を追いかけ回す必要などありません。

人の先に立ちたいと思うなら、
皆のしんがりとなり、みなに仕える者となりなさい。

聖書

ベータ・タイプ

❶自分に自信がないから、偉そうに威張り散らすだけ

❷建設的な批判に対し、感情的に反撃（反論）する

❸他の車が割り込みそうになると、わざと車間を詰めて割り込ませてあげない

❹知り合いの多さや、誰を知っているかを自慢する（「俺、○×と知り合いなんだ」なんて言う奴）

❺自分の自慢話ばかりする（いるよね、こういう嫌な奴）

❻自分を成長させるための勉強に、お金や時間を使うなど無駄だと思っている

❼失敗したのは、他人や環境のせいだと思っている

❽相手の肩書きによって、ペコペコしたり、逆に偉そうにする

アルファ・タイプ

①自信に満ち溢れているが謙虚

②建設的な批判を、「なるほど」と言って聴ける

③「お先にどうぞ」と、他の車を自分の前に割り込みをさせてあげる心の余裕がある

④ニコニコしながら皆の話を聴く、ムードメーカー

⑤本当に心を許せる親友が少数いて、とても大切にしている

⑥自分を成長させるための勉強に、お金や時間を使うこと（自己投資）を惜しまない

⑦失敗したのは、自分に未熟な部分があったからだと反省する

⑧相手によって、態度を変えない（誰とでも常に敬意を払って接する）

ベータ・タイプ

❾訪問した会社の受付に挨拶《あいさつ》はするが、帰り際は素通りする

❿考えない。苦悩しない（ある意味、羨《うらや》ましいなあ～）

⓫喫茶店で、「水！」とぶっきらぼうに言い放つ

⓬良い友達を探し求める

⓭自分の矛盾には気がつかず、他人の矛盾は許せない（上司に多いですよね）

⓮常にお付きや子分、仲間をゾロゾロと連れていないと不安（群れたがる）

⓯考えてばかりいて、行動に移らない

⓰ブランド物や高価な宝飾類を身に着けることが、身だしなみと勘違いしている

アルファ・タイプ

⑨訪問した会社の受付に、帰り際も「ありがとうございます」と、きちんとお礼を言う

⑩苦悩しながら、答えを探求する

⑪「お水をください」と言う

⑫相手にとって良い友達になろうとする

⑬相手の矛盾を追及しない

⑭１人でも平気だし、堂々としている

⑮リスク計算をしたうえで、多少のリスクは覚悟で挑戦する

⑯清潔で、ＴＰＯをわきまえた、身だしなみを心がける

ベータ・タイプ

⑰ライバルの勝利を妬《ねた》む

⑱家族（配偶者を含む）や親友を軽んじる

⑲暴飲暴食や夜更《よふ》かしを繰り返す

⑳自分の感情に、コントロールされている

㉑人の話を聞けても、聴けない

㉒複雑なことを言う方が、頭が良いと勘違いしている

㉓相手の短所ばかりが目に付く

㉔周りの変化に流されて生きている

アルファ・タイプ

⑰ライバルの勝利に、心から「おめでとう」と言える

⑱家族（配偶者を含む）や親友を大切にし、守る（家族を大切にしない人が、他人を大切にできるわけがないですよね）

⑲自分の健康管理に気をつけている

⑳自分の感情を、コントロールする術《すべ》を習得している

㉑人の話を、きちんと聴ける

㉒複雑な事柄を、相手に分かりやすく説明できる

㉓相手の長所に目を向ける

㉔周りの変化に柔軟に対応しながらも、自分の「生き方哲学」を、しっかりと持っている

ベータ・タイプからアルファ・タイプへ

自分の置かれている状況を変えたいとき、多くの人は、まず周囲の人間や環境を変えようとします。

でも、皆さんもご承知の通り、周り（相手）を簡単に変えることなどできません。嘘だと思うんだったら、結婚してみれば、よ〜く分かりますよ。

ですから、状況（周り）を変えたければ、まず自分が変わることです。

ベータ・タイプから、アルファ・タイプになる（変わる）ということは、ベータ・タイプの要素を減らして、アルファ・タイプの要素を増やすことです。ベータ・タイプから、アルファ・タイプに変わる過程で、「**蓄積**」が出来ていくのです。アルファ・タイプになれば、蓄積はどんどん増えていきます。

もしあなたがネットワークビジネスで、**エキスパート**のような大きな収入を得たいのであれば、**エキスパート**（アルファ・タイプ）になる必要があるのです。

誤解のないように申し上げておきますが、アルファ・タイプのネットワーカーになったからといって、成功が保証されるわけではありません。つまり、**アルファ・タイプというのは、成功するための基盤であり、重要な内面的な要素**の1つだということです。

私は、スティーブに「**誰にでも簡単にコピーできる成功法なんてない**」と言われたときは落胆しました。

しかし、スティーブの言葉を受け入れたときから、アルファ・タイプへの第一歩を踏み出しました。以前は必死に頑張ってもできなかった傘下組織を築くことができました。しかも、**魅力《アトラクティヴ》マーケティング**を本業でも活かしてみると、本業の業績もグングン伸び始めたのです。

魅力《アトラクティヴ》マーケティングとは、アルファ・タイプの自分を中軸にし、営業、セールス、コーチングといったネットワークビジネスに必要不可欠なスキル(要素=蓄積)を身につけ、「ネットワークビジネスを築いていく、総合的な方法」のことです。うつぼ的な手法で、〝人狩り〟をするシステムではありません。

ネットワークビジネスに限らず、ビジネスとは、さまざまな要素を駆使する「**総力戦**」なのです。ネットワークビジネスに携わる者にとって、商品やビジネスの話のプレゼンテーションが勝負の場と目《もく》されがちです。しかし、勝負は、商品やビジネスの話をする、ず～っと以前からすでに始まっているのです。

さて、ここまで読んで、皆さんは、「でも、ネットワークビジネスでは、ベータ・タイプなのに、トップリーダーとして組織を持っている人が大勢いるじゃないか」と仰るかもしれません。確かにその通りです。（オイオイ）

皆さんにも思い当たる人がいると思います。会社組織でもベータ・タイプなのに、課長、部長、専務といった役職の人がいます。一般の会社組織では、役職者だからといって、その人が必ずしもアルファ・タイプとは限りません。

役職昇格が学歴、社内派閥、年功序列、上司との関係といった、その人のリーダーとしての資質とはまったく関係がない部分で決められる「悲劇」（どちらかというと部下にとってですが）が、しばしば起きるからです。

ちょっと考えてみてください。

あなたは、ベータ・タイプの上司や資格レベルの上の人を、心の奥底ではリーダーとして認めていないでしょう？

仕事の帰りに焼鳥屋で一杯やりながら、同僚と「ったく〜、うちの課長にはやんなっちゃうよ〜」なんて上司の陰口を叩いたりするでしょう？

〈うっかりハマっちゃう罠〉編で紹介したような手口を平気で使うアップラインを信頼し

て、長く一緒にビジネスをやっていきたいとは思っていないでしょう?

肩書きや資格レベルが上だからといって、必ずしも「アルファ・タイプのリーダー」とは言えないのです。

ネットワークビジネスの場合でも、今まではベータ・タイプのメンバーでも、バッファゾーンが存在したお陰で、本書〈うっかりハマっちゃう罠〉編で紹介した手法を使って、組織を築くことができました。

このようなベータ・タイプのトップリーダーを、私は「**アルファもどき**」と呼んでいます。「もどき」とは、精進料理で、植物性原料を用いて、動物性の料理に似せたものを作る料理用語です。それ自体に「良い悪い」の意味はありませんが、本書では「ベータ・タイプなのにアルファ・タイプに似せたもの」という、マイナスイメージで使いますね。

先に言ったように、現代のような高度情報化社会では、ベータ・タイプの傘下組織は、作っても作っても崩壊していきます。

嘘を重ねてつくった組織や、「簡単に組織を作る方法」みたいなお手軽なツールを使ってつくった組織は、集まった傘下の人たち自体もベータ・タイプです。よって別の新しい会社やお手軽なツールを使うビジネスに、ホイホイと簡単に移っていってしまうからです。保持率《リテンション・レイト》がものすごく低いのです。これは経営《マネジメント》の観点からすると、非常に効率の悪い

魅力《アトラクティヴ》マーケティング組織

信頼と向上心に溢れた〝アルファ・タイプ〟
たちの保持率《リテンション・レイト》は高し

うつぼアプローチ組織

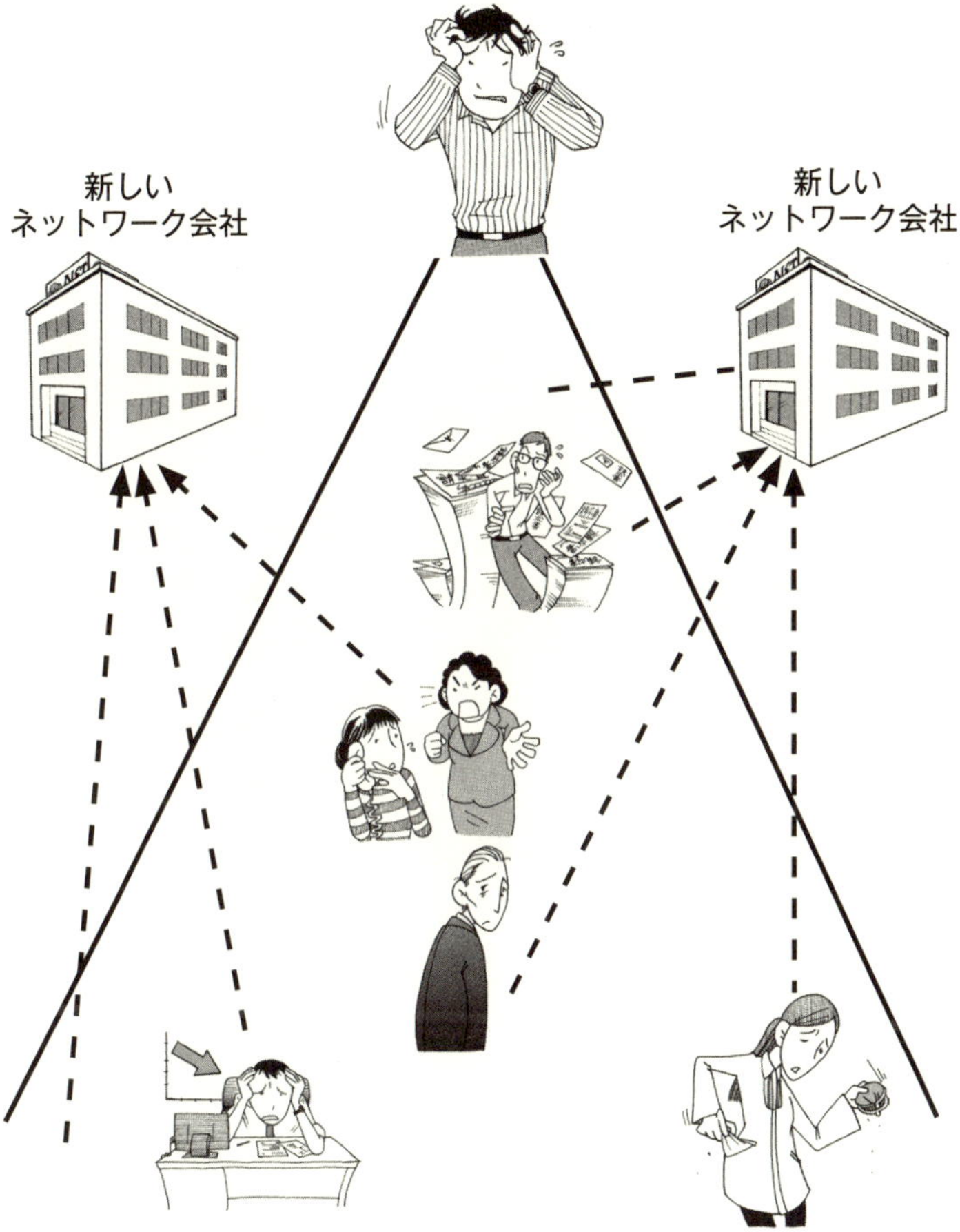

ダウンラインの人を単なる頭数としか
見ておらず、保持率《リテンション・レイト》は低し

ビジネスオペレーションです。

ネットワークビジネスでは、この「アルファもどき」たちが、さまざまな問題を起こしてきたわけです。

ネットワークビジネスが、批判される最大の原因は、「アルファもどき」たちによる〝人狩り〟や、その指導です。私を含め、多くの人たちが、**アルファもどき**が推奨する「**うつぼ**アプローチ」（**うつぼ**メンバー）をやってきたわけです。だから、皆さんは友達も信用もなくしてしまったのです。

そういった手法が通用する時代は、もう終わりつつあります。

たった今、「罠を使って、組織を築く時代は終わりつつある」と言いましたが、実はいまだ完全に終わったわけではありません。（オイオイ、どっちやねん？）

そのような手法が通じない世の中になってきているという意味です。（っていうか、業界が今までやってきた方法を反省して、方向転換しなければならない時期にさしかかっています）

もし皆さんが、「アルファもどき」として、本書の〈うっかりハマっちゃう罠〉編で紹介しましたような罠《落とし穴》（手法）を使って、組織を築きたいと思っておられるのでしたら、まだできますから、ご自由にどうぞ。（オイオイ）

ただし、得るものより失うもののほうが大きくなりますし、時間の無駄になるだけです。

もし皆さんが、「〝**うつぼメンバー**〟になるなんて、まっぴらゴメンだ！」と本気で思っておられるのでしたら、「**アルファ・タイプのネットワーカー**」になることをお勧めします。それ以外に選択肢はありません。それが嫌ならば、ネットワークビジネス（一般のビジネスも）など、やらないことです。周りに迷惑をかけ、辛い思いをするだけです。

さて、ベータ・タイプからアルファ・タイプに変わるには、英語で「チェンジ・オブ・マインドセット」と呼ばれる、「**思考**（考え方）**の変換**」から始まります。ネットワークビジネスは、ゴルフと同じで、メンタルな部分が影響するビジネスです。

それでは、**アルファ・タイプのネットワーカー**とは、どういう人なのかを説明しますね。

アルファ・タイプのネットワーカー

アルファ・タイプのネットワーカーは、豊富、潤沢であるという思考をする。

アルファ・タイプのネットワーカーには、「欲しい」、「〜してほしい」という考え方はない。誰かに「登録してほしい」、「商品を

買ってほしい」、「話を聞いてほしい」、というのは、ベータ・タイプの依存思考で、自分が主導権を握っていない。

アルファ・タイプのネットワーカーは、ビジョンや使命感を持って仕事をしている。

アルファ・タイプのネットワーカーは、アルファ・タイプの傘下組織を育成する努力を惜しまないが、本当に自分の時間を費やす価値のある人だけをサポートする。

アルファ・タイプのネットワーカーは、一喜一憂しない。

大物ネットワーカーが、大きな組織を引き連れて自分の傘下組織に加わろうとも、小躍りして喜ばない。逆に、自分の傘下組織のトップリーダーが組織を引き連れて他社へ移動しようとも、やけ酒を飲まない。

アルファ・タイプのネットワーカーは、多少のリスクは覚悟で挑戦してみる。

アルファ・タイプのネットワーカーは、〈うっかりハマっちゃう罠〉編で紹介したような手法を使わない。

アルファ・タイプのネットワーカーは、傘下組織の人たちに敬意を持って接し、大切な人だと本気で思っている。傘下組織の人たちを単なる〝金づる〟（利用する対象）とは、決して思っていない。

アルファ・タイプのネットワーカーは、自信に満ち溢れ、マネをしたくなるような生き方をしている。

著述家、講演家、組織活性化コンサルタントして、ネットワークビジネス業界でも高名なソフィアマインド代表取締役の見山敏《みやまさとし》氏は、「オーラのある人間」という表現をされています。私も、アルファ・タイプには、内面から滲《にじ》み出るオーラのようなものがあると思います。

さて、生まれながらに100％のアルファ・タイプの人はいません。アルファ・タイプとは、経験を重ねて習得する資質です。

ベータ・タイプから、アルファ・タイプになるのは、プロセス（過程）ですから、ある程度の時間を要します。ベータ・タイプから、アルファ・タイプに変わるプロセスの第一歩は、アルファ・タイプのマネから始まります。アルファ・タイプのマネをしながら、本当にアルファ・タイプに成長する過程が、「準アルファ・タイプ」です。

ベータ・タイプから、アルファ・タイプに成長するプロセス（準アルファ・タイプの人）は、ちょっと居心地の悪い感じがするかもしれません。私は、アルファ・タイプの思考を受け入れ、それに順応していく過程で、本物ではなく、「アルファ・タイプの**ふり**をする人」のように見られるのではないか、と気恥ずかしく思うこともありました。

まだアルファ・タイプになっていなくて、今は「アルファ・タイプのふりをしている」というのを本物のアルファ・タイプに見破られてしまったりする可能性があるからです。でも、そんなことは気にする必要はありません。それは、皆さんが紆余《うよ》曲折を経て、本物のアルファ・タイプとして「独り立ちするまでの**過程**」であることに過ぎないからです。

大切なことは、「**まだ**」という言葉です。つまり、ず～っと「アルファ・タイプのふり」をし続けるわけではなく、いずれ本物のアルファ・タイプになる過程だということです。「本物になるまで、本物のマネをしろ」という言葉がありますが、「マネをしろ」というのは「嘘をつけ」という意味ではありません。まず「見習え」という意味です。

職人さんの見習いが親方の技術を盗むのと同じように、芸人さんの見習いが師匠の芸を盗むのと同じように、すべては手本（師）をマネをするところから始まります。

つまり皆さんも、本書で例として紹介した、リーダーの資質の表現をマネ（見習うこと）しながら、本物のアルファ・タイプになっていくのです。

少し古い話になりますが、2008年のアメリカ大統領選挙に注目してみましょう。マケイン氏と、オバマ氏との対決となりました。皆さんもご存じのように、国政経験も浅く、政治的な組織の長としての経験がないオバマ氏が大統領選挙に勝ちました。オバマ氏が大統領選挙に勝利した最大の理由は、彼がリーダーシップを「表現」することに非常に長《た》けていたからです。

選挙戦を戦っていたオバマ氏は、**まだ**アルファ・タイプではありませんでした。しかし、彼は、アルファ・タイプのリーダーを見習い、アメリカ合衆国民（有権者たち）に対し、**自分のリーダーとしての資質を見事に表現した**のです。

マケイン氏のほうは、リーダーの資質を表現することが下手でした。マケイン氏は、「豊富な国政経験」（理屈）を前面に選挙活動をしました。「感情の生き物」である有権者たちは、オバマ氏の政治思想や理念、政策、肌の色、経験年数といった「理屈」よりも、オバマ氏が見事に**表現する**リーダーの資質に**魅了**（感情）され、彼に票を投じたのです。

ただし、中間選挙で敗北したオバマ氏は、準アルファ・タイプのままで終わってしまったと言えるかもしれません。

実は、すべてのリーダーたち（アルファ・タイプ）も、ベータ・タイプから準アルファ・タイプへ、そしてアルファ・タイプへという過程を通り抜けてきています。皆さんも、真のリーダーになるためのプロセス（過程）の1つを、通り抜けているだけのことですから、胸を張って堂々としていれば良いのです。

あなたが自信に満ち、明るく、積極的な人であれば、
あなたの同僚、友達、家族は、
あなたのパーソナリティーに魅力を感じるはずです。

ナポレオン・ヒル（成功哲学の第一人者）

アルファ・タイプのビジネス活動

いよいよこの章が、本書の最後の章になります。ここまで付き合ってくださり、ありがとうございます。前の章では、ベータ・タイプから、アルファ・タイプになるための思考態度《マインドセット》の変換について述べました。

この章では、準**アルファ・タイプのネットワーカー**が具体的にどのような**魅了《アトラクティヴ》マーケティング**を展開しているかをお話ししますね。つまり、どのように**「リーダーの資質を表現しているか」**ということです。

実は、この章は本書に盛り込まない予定でした。なぜかというと皆さんが「事例のコピー」という表面上のことだけに集中し、本来の「アルファ・タイプに変わる」という内なる変化が疎《おろそ》かになる恐れがあると思ったからです。別に私が〝ケチ〟だからじゃないですからね。

ですが、具体的な活動例についても、盛り込むことにしました。（ケチな奴だと思われたくありませんからね）

さて、皆さんもご存じのように、ネットワークビジネスのユニークな点は、商品の販売とビジネス機会の提供という、2つの要素が含まれていることです。

この2つの要素を抱き合わせにして見込み客にマーケティングすることもできますが、これには高度なセールス技術を要し、ネットワークビジネスのような販売の素人集団にはとても難しいのです。

魅了《アトラクティヴ》マーケティングでは、「商品販売」と「ビジネス機会の提供」を分けています。ネットワークビジネスでは、しばしばビジネス機会の提供のほうが強調され、商品の販売のほうは疎かにされがちです。しかし、**魅了《アトラクティヴ》マーケティング**は、まず商品の販売（顧客の保有）を重要視しています。

商品の販売（顧客の保有）を重要視する理由は、ビジネスなのですから、商品を販売するのは当然！（商品を売らないビジネスってありますか?）

安定した組織とは、商品を続けて愛用していただける顧客が多い組織です。商品販売を通して、営業やセールスの基礎技術を身につけることができます。個人の知り合いだけに売るのでは数量にも限界があるため、不特定多数にも販売する必要があります。

ところで、「どうして自分のビジネスや商品を売り込むことなく、役立つ情報を〝**無料**〟で提供するの?」と思われる人も多いかと思います。その理由は、リーダー（アルファ・

タイプ）の資質を表現しながら、あなたとお客様の間に、「**信頼関係を築くための、最も適した最初の一歩**」となるからです。

ギブアンドテイク（Give & Take）という言葉を聞かれたことがあるでしょう？

ギブとは「与える」の訳で、テイクとは「取る（得る）」の訳です。ビジネスの交渉の場で頻繁に使われる理論で、本来は、自分の得ばかりを追求するのではなく、「お互いにとって、有益になるような交渉を進めましょう」（Win Win）というニュアンスです。

「ネットワークビジネスは人間関係のビジネス」（基本的にどんなビジネスでも人間関係が重要なんですが）と言われます。ところが、大多数のメンバーは、自分の商品やビジネス機会を売り込むこと（搾取《さくしゅ》）ばかりに熱を上げます。

口では「人間関係のビジネス」と言っておきながら、結局、人間関係もへったくれもなく、自分の利ばかりを先に追求するのです。これでは、テイクアンドテイクで、「ギブはどこへ行っちゃったの？」ってなるわけです。

メンバーから商品やビジネス機会を売り込まれる側にとっては迷惑な話ですし、やっているメンバーにしても、迷惑がられ、断られ続けることとなんて、やっていても楽しくないでしょう。

ネットワークビジネスが、本当に「人間関係のビジネス」と言うのならば、「人間関係

（信頼関係）」を大切にするのは当然です。

さて、ギブアンドテイクの最初の言葉は、ギブ（与える＝提供する）です。つまり、あなたが、見込み客と信頼関係を築きたいと願うなら、**あなたが先に**提供《ギブ》をして、誠意を示さなければなりませんし、「与える」ことのできるあなたは、同時にリーダーとしての資質をも表現しているのです。

口先だけで「信頼関係を築きたい」といくら言ったって、何の価値も、意味もありませんよね。まずあなたが、実際に見込み客に価値あるもの（情報や知識）を提供するという、**行動**が大切なのです。先にも言った通り、ビジネスとは**実際に行動している人たち**によって成り立っているのです。

それでは、「ネットワークビジネスで、見込み客に価値ある情報を無料で提供する」とはどういうことか？

前出のジェリー青年の方法を紹介します。

スティーブから教わったジェリー青年は、まず商品に関する**魅了《アトラクティヴ》マーケティング**と、ビジネス機会に関する**魅了《アトラクティヴ》マーケティング**を区別することにしました。まずビジネスの基本（商品販売）である、商品に関する**魅了《アトラクティヴ》マーケティング**に集中したのです。

ジェリー青年のネットワーク会社の主力商品は健康補助食品でした。そこで、ジェリー青年は一般的な健康補助食品や成分、他社の商品などを徹底的に勉強しました。つまり、健康補助食品に関するエキスパート（アルファ・タイプ）としての自分を表現するための準備をしたのです。

そして、彼のアパートで、「健康補助食品に関する基礎知識」という無料講座を始めました。もちろん、自分のネットワーク会社の商品を売り込むことなどいっさいせず、一般的な健康補助食品に関する基礎知識を提供し、講座参加者からの質問にも丁寧に答えました。

こうしてジェリー青年は、健康補助食品のエキスパートとしてリーダーシップを表現しながら、お客様（見込み客）との信頼関係（蓄積）を築いていったのです。

ちなみに、私の携わっているネットワーク会社の主力商品も健康食品ですから、私もジェリー青年と同じように、健康補助食品のエキスパートとしての自分を表現するための準備をしました。

豊富な知識は必要です。ただし、あまりそのことに固執して勉強ばかりして、なかなか行動に移らない人も多くいますので、大切なのは「とりあえず始めるための知識」を勉強して、そこからは活動しながら知識を深めていけば良いのです。

単なる知識だけではなく、できれば他社商品も購入して、自分で試してみることも大切です。私は常に新しい商品にはピクッと反応して、購入して試しています。

えっ!?　お金がもったいないって？

覚えていますか？　アルファ・タイプは**自己投資を惜しみません**。

さて、私も自分のネットワーク会社の商品を売り込んだりしませんので、講座の参加者やメールの問い合わせの中には「マイクさんご自身は、いったいどんな健康補助食品を扱っておられるのですか？」というご質問を、皆さんから多くいただきます。そのときにはじめて自分が扱っているネットワーク会社の商品を紹介します。

そうすると、相手（見込み客）から「私もその製品を試してみたいのですが、売っていただけますか」とお願いされます。それでも、自分が扱っているネットワーク会社の商品が、相手（見込み客）に合わないと思えば、別の会社（別のネットワーク会社を含む）の別の商品を勧めます。

自分のネットワーク会社の商品を売り込んだ瞬間に、あなたは信頼できるエキスパートから、〝うつぼ〟に成り下がってしまいます。**魅了《アトラクティヴ》マーケティング**とは、自分の目先の利を追求するのではなく、本当に相手の立場に立って尽くすことです。

私の傘下組織の中に、モナという女性がいます。

彼女は、「講座というとちょっと堅苦しいので」と言って、「健康補助食品お試し会」といった趣味的なサークルを作り、会長として毎月1回自宅で友人たちと楽しく和気藹々《わきあいあい》集まっています。わずかな会費を集めて、いろいろな健康食品を購入して、皆で試して、意見交換をするだけです。

もちろん毎回ほぼ同じメンバーが集まります。でも、メンバーは自由に友達を連れてくることができます。主催者のモナが、特定の商品（自分のネットワーク会社の製品）を売り込んだりしませんので、安心して友人を連れて参加するのです。当初3人で始めたサークルが、今では40人を越える数に膨らんでいます。

こうしてモナは、徐々に「**蓄積**」を築いていったのです。

その中の8人が、モナのネットワークビジネス商品の継続的な愛用者になっています。これだって、彼女が自分のネットワーク会社の商品を売り込んだわけではなく、相手から「試してみたい」と、申し出があったのです。8人と聞いて、「な～んだ、たったの8人かよ～」と思われるかもしれません。でも、ネットワークビジネスに携わる90％のメンバーは自己消費しかできず、商品を小売りできる顧客などまったく持っていないのが現状です。

もし、あなたの傘下組織に、ビジネスとして携わっている各メンバーが常に数名の顧客を持っていたら、あなたの組織はとても安定したものとなるでしょう。

手前味噌で恐縮ですが、私には9年間1度も休みなく毎月、私から商品を買い続けている顧客が5人います。あるとき、その顧客に「どうして、私から商品を買い続けてくれるんですか？　一般の健康食品店に行けば、よく似た商品が安く売っていますよ」と尋ねたのです。（オイオイ、なんちゅーことを訊《き》くねん）

その答えは、次のようなものでした。

「マイク、他のお店で、似た商品を安く売っているのは知っている。しかし、お店に行けば、店員が商品を売り込んでくるばかり。けれど、マイクは自分の商品を売り込まないし、相手の立場に立って役に立つ情報もくれる。私は君を気に入っているし、信頼しているから、君から買うんだ」

そうです。顧客の人たちも当然ながらホモ・サピエンス。感情の生き物なのです。

つまり、気に入った人からは、理屈抜きでも買うけど、嫌いな人からは買わないということです。しかも、私の顧客が、新しいお客様を紹介してくれたりするのです。

もう1人紹介しますね。

私の傘下組織に1年ほど前に加わった、アレックスという男性がいます。彼の本業は宅配トラックの運転手で、以前は別の会社のネットワークビジネス（スキンケア商品）に携わっていました。

アップラインから〝**うつぼトレーニング**〟を受け、〝**うつぼアプローチ**〟をして、失敗していました。**蓄積**のなかったアレックスがアプローチした親類、友人、同僚からは、「運転手の君が、どうして急にまったく違う分野のスキンケア商品やビジネスを売り込んだりするんだ?」と怪しがられてしまう始末。

再度挑戦ということで、私の傘下組織の一員になって、**魅了《アトラクティヴ》マーケティング**を学んだアレックスは、「どうして私たちは、在宅ビジネスを始めるべきか」という題名の資料を自分で作成し、無料配布しています。在宅ビジネスの有利性や必要性を説きながら、リスクの忠告などもしています。

もちろんその資料の中で、自分の携わっているネットワークビジネスを売り込んだりしません。家族や親類、友人、会社の同僚たちからは、「在宅ビジネスのエキスパート」として信頼されていて、在宅ビジネスに関するいろいろな相談を受けます。ネットワークビジネス業界の勉強もしていて、他社商品や各種ボーナスプランの知識も豊富です。

さて、先にも言いましたが、ネットワークビジネスには、「ビジネス機会《オポチュニティー》」の提供という、もう1つの面があります。

ネットワークビジネスでは、「愛用者をビジネスに誘え」と教えられるのが一般的です。

愛用者（顧客）に、「誰かを紹介すると、収入にもなりますよ」なんて誘うんです。

しかし、私は傘下組織の人たちに、商品の愛用者とビジネスはできるだけ分けるように勧めています。商品を小売価格で購入する人。もしくはメンバー登録して、商品を卸値で購入するだけの人。そしてビジネスとして捉えている人、の3通りがあります。

あなたの扱う商品を購入している人たちを、ビジネスに誘いたい気持ちは分かります。しかし、相手のほうから興味を示さない限り、ビジネスの話はしないほうが良いでしょう。モナは、自分の顧客に「ビジネスとして参加しませんか？」なんてことは絶対に言いません。これを言った瞬間、せっかく商品を気に入って愛用していてくださる顧客は「な～んだ、結局、金儲《もう》け優先だったんじゃないか」と思い、モナを「信頼できるエキスパート」から、「うつぼ」に格下げしてしまうことを知っているからです。

「ビジネス機会」も、商品販売と同ように、**魅了《アトラクティヴ》マーケティング**によって、まず「**蓄積**（信頼関係）」を築く必要があります。

蓄積もないうえ、いきなり〝うつぼアプローチ〟をすれば、どんな羽目になるかは、本書前編の〈うっかりハマっちゃう罠〉編で充分に説明しましたよね？ 忘れていませんよね？

「ビジネス機会」の**魅了《アトラクティヴ》マーケティング**も、基本的には商品販売の**魅了《アトラクティヴ》マーケティ**

ングと同じです。まずは、真のリーダー（アルファ・タイプ）としての自分を、表現するための準備をします。

商品販売の**魅了《アトラクティヴ》マーケティング**の準備のときに、自分のネットワーク会社の商品だけではなく、他社の商品や基礎知識などを幅広く勉強したように、「ビジネス機会」の**魅了《アトラクティヴ》マーケティング**も、ネットワークビジネスに関する勉強だけではなく、一般的なビジネス、在宅ビジネス、インターネット・ビジネスなど、幅広い知識を得ることです。

いきなり「専門家になれ」と言っているのではありません。まずは一般の人たちの役に立ちそうな情報や知識を集め、身につけることから始めれば大丈夫です。

総合的なビジネスのエキスパートというと、カバーする範囲が広すぎて大へんですし、焦点がボケてしまいます。「**SOHO《ソーホー》**（在宅ビジネス）**のエキスパート**」としての自分を表現することに、的を絞れば良いでしょう。

私のところには、**SOHO**に関する問い合わせや相談が数多く寄せられます。ほとんどは、私がときどき開催する在宅ビジネスに関する無料セミナーの参加者からのお問い合わせです。もちろん友人や、その友人から紹介された人からの相談もお受けしています。

さて、私はまず、

在宅で「仕事」（内職）がしたいのか？

それとも、

在宅で「ビジネス」（自営業）をしたいのか？

を相談相手に確認して、区別します。

それは、在宅「**仕事**」を求めている人と、在宅「**ビジネス**」を求めている人とでは、条件がまったく違うからです。在宅**仕事**を求めている人は、必ずしもアルファ・タイプにな る必要はありません。一方、在宅**ビジネス**を求めている人は、準アルファ・タイプ、もしくはアルファ・タイプになるための努力をしていただかなくてはならないからです。

皆さんもご存じのように、さまざまなＳＯＨＯ（在宅ビジネス）が存在しますから、その中から相談者の希望に近いものを幾つか紹介します。

もちろん相談者に、私がネットワークビジネスに携わっていることも告げます。そして、「ネットワークビジネスは、大きな収入に繋《つな》がる可能性がありますが、誰にでも簡単にできるビジネスではありません。ご興味があれば詳しく説明しますが、私のチームのメンバーになるには、条件（アルファ・タイプになる決心）を満たしていただかなくてはなりません」と言います。

ネットワークビジネスは、あくまでも選択肢の1つという位置づけです。こうすることで、4つのことを1度にできます。（一石二鳥じゃなくて、一石四鳥です）

1. 問い合わせてくる人は、「情報を求めて実際に行動している人」＝見込み客であると分かる。
2. 自然に、ネットワークビジネスに興味があるかないかを問うことができる。
3. 相手が、ネットワークビジネスに、本気で取り組む気があるかないかを判断できる。
4. 自分を、〝うつぼ〟ではなく、エキスパート（リーダー）として認識してもらえる。

大切なのは、まず、**相手の役に立つ**ことによって、あなたが「**信頼できるリーダー**（アルファ・タイプ）」としてみなされ、「**蓄積**（信頼関係）」を築くことなのです。ですから、私の傘下組織の人たちには、〝うつぼメンバー〟のように、思い込み客を追いかけ廻したりする必要のない、この方法を教えているのです。彼らは「**真のリーダー**（アルファ・タイプ）」として、またはそれを目指して、ビジネスをしています。


さて、もう1つ大切なことがあります。

それは、「**誰に情報を提供するか**」ということです。専門用語で「標的市場《ターゲットマーケットセグメント》」などと呼ばれています。（堅い言葉だなぁ〜）

あえて言うまでもないと思いますが、あなたの扱っている商品の分野やSOHOに興味のない人に情報を提供するよりは、興味のある人たちに客観的な情報を提供するほうが効果があります。平たく言うと、むやみやたらにやるのではなく、ある程度、相手の的を絞ったほうが良いということです。（最初からそう言えよ）

もしあなたが健康食品を扱っているのであれば、すでに何らかの健康食品を実際に購入している人たちのことです。ビジネス機会の場合であれば、実際にＳＯＨＯ（在宅ビジネス）に関する情報を集めていたり、いくつかのＳＯＨＯ（ネットワークビジネスを含む在宅ビジネス）を試した経験のある人たちのことです。

「それじゃあ実際に行動していない人には**魅了《アトラクティヴ》マーケティング**（情報提供）をしないのか？」というと、そういう意味ではありません。もちろん実際に行動していない人にも**魅了《アトラクティヴ》マーケティング**をします。でも、こちらは時間がかかりますので、じっくり我慢強く取り組むことを念頭に置いて活動してください。あなたはアルファ・タイプとして、リーダーの資質を表現しているのですから、絶対に焦ってはいけません。

ところで、ごく稀《まれ》に、私のほうからアプローチをすることがあります。

その場合は、最初から「ネットワークビジネスのビジネス機会の件です」と告げます。

（日本の場合、先に相手に勧誘目的だと告げることは、特定商取引法で定められています）

相手がアルファ・タイプ、もしくは準アルファ・タイプで、私と相手との間に、すでにある程度の信頼関係（蓄積）が築かれていて、相手にもメリットがある可能性が高いと判断した場合のみ、私から直接アプローチすることがあります。

さて、私の傘下組織は、**リーダー**（アルファ・タイプ）、**リーダーを目指している人**（準アルファ・タイプ）、**ベータ・タイプ**、そしてメンバー登録して製品を卸値で購入するだけの人（愛用者）の4つのタイプで構成されています。それに加え、商品を小売りで購入してくださる顧客もいますが、傘下組織図の外の存在です。

「え！　なんでお前の傘下組織にベータ・タイプがいるんだ？」と仰るかもしれません。

もちろん、理想は傘下組織の全員がアルファ・タイプ、もしくは準アルファ・タイプです。

しかし、現実にはベータ・タイプの人もいます。（こらこら、開き直ってどーするよ）

傘下組織の人たちは、個人事業主であって、私の会社の社員ではありませんので、「アルファ・タイプになれ」とは強制できません。

つまり、**魅了《アトラクティヴ》マーケティング**とは、一般的なマーケティングが存在しない、もしくは制限されているネットワークビジネスにおいて、消費者に商品の存在を知らせること（マーケティング）と、ビジネス機会を、「9の罠《落とし穴》」を使うことなく提供するという、2つの重要な役割を果たしてくれる、「**正攻法**」だと私は思っています。

ネットワークビジネスというビジネスで、成功する要素を煮詰めていくと、最終的に次の2つの要素に絞られます。

1. 思考（アルファ・タイプのマインドセット）

2. マーケティング能力（アルファ・タイプとして自分を表現する能力）

つまり、ネットワークビジネスを楽しくするのと苦しくする違いは、**やるべきこと**（アルファ・タイプになる）をやるかやらないかの違いです。その選択権と責任は各自にあります。

しかし、前記の2つの要素を身につけるためには、決心と時間と努力が必要です。近道はありません。（言い切っちゃいますね）

ただし、いったんアルファ・タイプになってしまえば、それで完了かというと、そうではありません。私たちは生身の人間ですから、油断しているとベーター・タイプの方向へ戻っていきそうになってしまいます。特に私なんか、ボヤ～っと油断していますから、常にチェックが必要なんです。


「自分の発言はアルファ・タイプだっただろうか？」

「自分の行動はアルファ・タイプだっただろうか？」

「自分の態度はアルファ・タイプだっただろうか？」

「自分の思考はアルファ・タイプだっただろうか？」

「自分はアルファ・タイプとして、リーダーの資質を表現しているだろうか？」

最後に**魅了マーケティング**《アトラクティヴ》を簡単にまとめると、

1．アルファ・タイプのマインドセットを習得する

2．アルファ・タイプになる過程で、営業、セールス、コーチングといったネットワークビジネスに必要不可欠なスキル（要素）を身に付けることとなります。

実は、私がアルファ・タイプとしてリーダーの資質を表現する努力を重ねる過程（自分が変わる過程）で、面白いことが起きました。周りの人たちの私に対する態度（見方）が大きく変わったのです。それによって、私生活やビジネスの面でも、周りの環境がめざましく進展しました。

もし、まだネットワークビジネスでアルファ・タイプになっていくことを迷っておられる人は、まず自分の得意、または好きな分野でアルファ・タイプになる努力をしてみるのも良いでしょう。本業や趣味やスポーツ、ボランティア、町内会、ＰＴＡ、幹事といった、普段自分が関わっている分野の中でアルファ・タイプとして、リーダーの資質を表現する練習を重ねてみてはいかがでしょう。

自分にとって慣れた場所や得意な分野の何か1つで、アルファ・タイプとしてリーダー

の資質を表現する楽しさを体感しながら、本物のアルファ・タイプに近づいていけばよいのです。それから、ビジネスのことを考えても遅くはありません。

というか、「急がば廻れ」ですよ。今からアルファ・タイプへと変身するチャンスです。思い切ってチャレンジしてみませんか！

最後に、1つの提案をさせてください。

もし皆さんが、今、傘下組織を築くうえで苦労をされているのであれば、今までやってきた方法をいったんお休みして、**魅了《アトラクティヴ》マーケティング**を試してみてはいかがでしょう。

もし、「今までやってきた方法で、1年後には今よりも業績が上がっている（組織が大きくなっている）」と思われるのでしたら、今までの方法をそのまま続けてください。しかし、「今までやってきた方法を続けても、1年後には業績が上がっていないだろうな」と思われるでしたら、別の方法（魅了《アトラクティヴ》マーケティング）を試してみるのも良いのではないでしょうか。

魅了《アトラクティヴ》マーケティングは、ネットワークビジネスだけではなく、一般的なビジネスや会社勤めをされている人にも活用していただけます。

しかも、**魅了《アトラクティヴ》マーケティング**は、普段の生活の中でも生かせるものです。アルファ・タイプになり、見事、意中の異性と結婚した人もいます。

魅了《アトラクティヴ》マーケティングは一種の技能ですから、身につければ一生涯あなたのものです。

あなたが捨てない限り、失うことはありません。

アルファ・タイプとなったあなたは、強靱《きょうじん》な根幹を持ち、周りの状況の変化に柔軟に対応しながらも、その軸は決してぶれることがない、魅力的な人となるでしょう。

意識が変われば、習慣が変わる。
習慣が変われば、行動が変わる。
行動が変われば、成果が変わるのだ。

中島孝志（経営コンサルタント・作家）

最後に

皆さんもご承知の通り、人生って、何でも1番になることが大切なのではありません。私は自分のペースで自分の決めた目標を目指し、その過程を楽しむことができれば良いと思っています。

最後まで私に付き合ってくださって、本当にありがとうございます。本書が皆さんのお役に立てることを、心の底から願っています。

末筆ながら、長年、私がビジネスおよび人生の師と仰ぐ山口三姉妹、中澤哲也氏とMerlin Weeks氏。苦難を乗り越え前向きに生きておられる傘下組織の皆さん。30年以上友情を絶やさずにいてくださる清水日出男氏。失敗を重ねる私をいつも支えてくれる妻のDianeや家族や友人たち。心から感謝申し上げます。

2011年1月1日

マイク・カキハラ

●著者略歴
マイク・カキハラ
1962年、岐阜県生まれ。1985年に単身渡米。

1988年、知人の紹介でネットワークビジネスに初めて出合うが、ビジネスには携わらず、その後世界一周しながら、パリのホテルリッツで、フランス料理を勉強。スイスのホテルで料理長を務める。

1992年にアメリカに帰国後、アメリカ企業で管理職を務めながら再度ネットワークビジネスに出合い、ディストリビューターとしてチャレンジするも失敗。4年のブランクの後、ディストリビューターとして、フィールドに復帰し、数社でトップディストリビューターを経験する。

1998年、ロサンゼルス近郊でネットワークビジネス会社の経営幹部(取締役副社長)。

現在は、ビジネスコンサルティング、通訳、翻訳、執筆、講師の傍ら、ネットワークビジネスに携わる。

英語での著書に、*Time Isn't Money*がある。

日本名は、柿原正己《かきはらまさみ》。カリフォルニア州のサンディエゴ市在住。アメリカ人の妻に、娘、息子の4人家族。


ネットワークビジネス9の罠《落とし穴》ハマる人、ハマらないで成功する人

2011年3月3日　第1刷発行
2017年5月1日　第4刷発行

著　者　マイク・カキハラ
発行者　唐津　隆
発行所　株式会社ビジネス社
〒162-0805　東京都新宿区矢来町114番地
神楽坂高橋ビル5階
電話　03(5227)1602(代表)　FAX 03(5227)1603
http://www.business-sha.co.jp

カバー・本文デザイン／関月社
イラスト／Booにぁん
カバー印刷・本文印刷・製本／半七写真印刷工業株式会社
〈編集担当〉本田朋子　〈営業担当〉山口健志

©Mike Kakihara 2011 Printed in Japan
乱丁・落丁本はお取りかえいたします。
ISBN978-4-8284-1630-4

齋藤孝の本

頭のよさはノートで決まる

超速脳内整理術

齋藤孝……著

定価　本体1000円+税
ISBN978-4-8284-1933-6

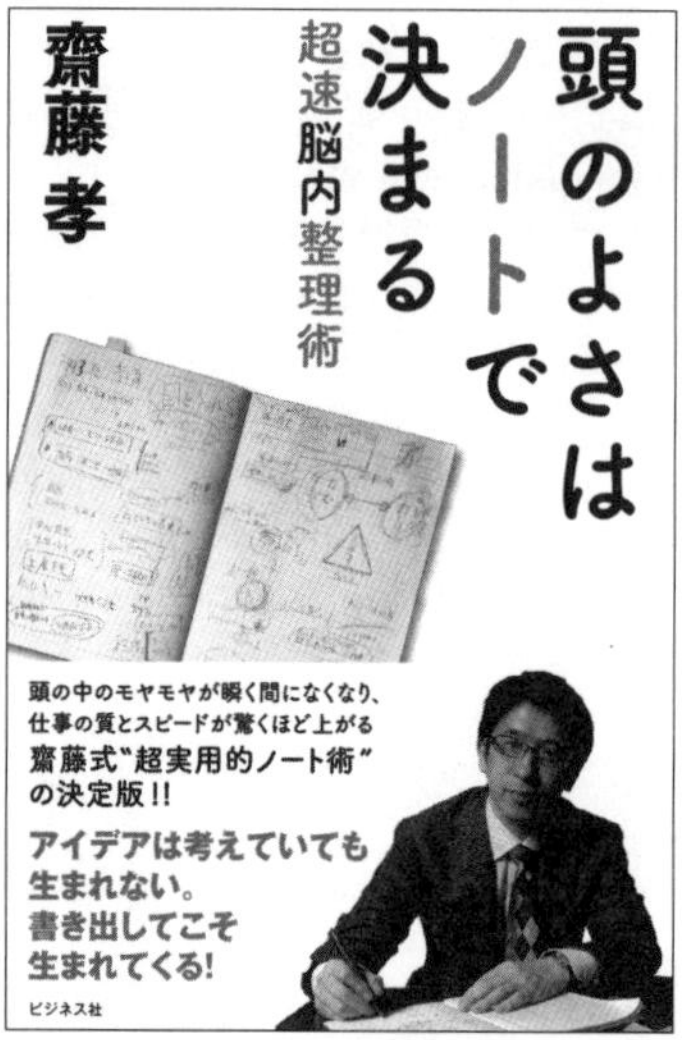

発売たちまち3刷!
齋藤流オトナのためのノート活用術!!

ノートをとる技術は、むしろビジネスパーソンこそ活かせる!
できるビジネスパーソンに欠かせない頭もココロもスッキリする
「超実用的ノート術」の決定版!
直筆ノートもカラーで大公開!

本書の内容

第一章　頭のよさはノートで決まる!
第二章　ノートはビジネスパーソンの必須スキル
第三章　頭と心がスッキリする齋藤式ノート術全公開
第四章　仕事のスキルを上げるノートのとり方
第五章　セミナー・勉強に役立つノートのとり方
第六章　心が軽くなるノートのとり方
第七章　アイデアがどんどん出てくるノートのとり方